Erny Dudo

Tipps zur Fahrerlaubnis-Prüfung

Alle Rechte vorbehalten
® 2002 by Dudo Erny

Das vorliegende Werk einschliesslich aller Teile ist urheberrechtlich geschützt. Jede Verwendung ausserhalb der engen Grenzen des Urheberrechtsgesetzes ist ohne Zustimmung des Autors unzulässig und strafbar. Dies gilt insbesondere für Vervielfältigungen, Übersetzungen, Mikroverfilmungen und Verarbeitung in elektronischen Systemen

Herstellung: Books on Demand (Schweiz) GmbH

ISBN: 3-0344-0157-4

Inhaltsverzeichnis

Inhaltsverzeichnis	3
Vorwort	7
Richtige Sitzposition	8
Rückspiegel	8
Schalten	8
Kupplung	9
Schalthebel	11
Schalten einzelner Gänge.	11
Motorleistung	14
Lenken	14
Bremsen	15
Bremsbereitschaft	16
Notbremsung	16
Anfahren in der Steigung	16
Sichern des Fahrzeugs in der Steigung/im Gefälle	18
Beobachten beim Anfahren	19
Beobachten und Spurgestaltung beim Rechtsanhalten	20
Beobachten und Spurgestaltung beim Rechtsabbiegen	21
Korrekte Blicktechnik und Spur beim Rechtsabbiegen	22
Falsche Blicktechnik und Spur beim Rechtsabbiegen	23
Gefahr beim Rechtsabbiegen	24
Beobachten und Spurgestaltung beim Linksabbiegen	25
Falsche Spur beim Linksabbiegen	26
Kurve schneiden	27
Blinkerbetätigung/Abknickende Vorfahrt	28
Abbiegen über Busspur oder Sonderfahrstreifen	29
Rechtsfahren	30
Rechtsfahren in mehrspurigen Strassen	31
Vorausfahrendes Fahrzeug biegt nach links ab	32

Überholen eines Hindernisses	33
Lückenausnutzung im Kreisverkehr	34
Vorfahrt	35
Vorfahrt an der Stop-Stelle	36
Lückenausnutzung bei Gegenverkehr	37
Lückenausnutzung bei Querverkehr	38
Lückenausnutzung bei mehrspurigen Strassen (1)	39
Lückenausnutzung bei mehrspurigen Strassen (2)	40
Verkehrszeichen «Halt! Vorfahrt gewähren»	41
Verkehrszeichen «Vorfahrt gewähren»	41
Lichtzeichen	42
Beobachten Querstrassen	44
Vorausschauende Fahrweise (1)	45
Vorausschauende Fahrweise (2)	46
Vorausschauende Fahrweise (3)	47
Vorausschauende Fahrweise (4)	48
Wegweiser	49
Querstrassen nicht versperren	50
Kurventechnik; Rechtskurve	51
Kurventechnik; Linkskurve	52
Fussgängerüberweg	53
Fussgängerüberweg bei Kolonnenbildung	54
Stehen auf Fussgängerüberweg (1)	55
Stehen auf Fussgängerüberweg (2)	56
Geschwindigkeit und Abstand	57
Autobahn	59
Wenden mit Wendeplatz	61
Wenden unter Zuhilfenahme einer Kreuzung oder Einmündung	62
Parken rechtwinklig vorwärts	63
Parken rechtwinklig rückwärts	64

Parken rechtwinklig rückwärts; Korrektur	65
Parken rechtwinklig rückwärts; Korrektur «Blechschaden»	66
Parken seitwärts vorwärts	67
Parken seitwärts rückwärts (1)	68
Parken seitwärts rückwärts (2)	69
Parken seitwärts rückwärts; Korrektur «zu nah» (1)	70
Parken seitwärts rückwärts; Korrektur «zu nah» (2)	71
Parken seitwärts rückwärts; Korrektur «zu weit» (1)	72
Parken seitwärts rückwärts; Korrektur «zu weit» (2)	73
Armaturen	74
Fahrerlaubnis-Prüfung	76

Vorwort

Dieses Buch ist entstanden, um dem Fahrschüler eine bessere Vorbereitung auf die praktische Prüfung zu ermöglichen. Es werden viele Verkehrssituationen beschrieben und alle Manöver erklärt, die man an der Fahrprüfung beherrschen muss. Das Buch ist als Ergänzung zu den Fahrstunden zu verstehen. Die vielen Informationen, die man in der Fahrstunde zu hören bekommt, kann man oft nicht behalten. Die Repetition des Gelernten verbessert die Lernergebnisse und damit den Prüfungserfolg.

Die Ratschläge in diesem Buch haben sich in der Praxis bewährt. Vielleicht bevorzugt Ihr Fahrlehrer aber eine andere Methode, die sicher auch zum Ziel führt. Eine Haftung für Schäden irgendwelcher Art ist ausgeschlossen.

Der Buchstabe ß ist ein mittelalterlicher Zopf, der in diesem Buch abgeschnitten wird.

Richtige Sitzposition

Mit der Längseinstellung des Sitzes kann man den Abstand zu den Pedalen einstellen. Wenn man das Kupplungspedal ganz durchgedrückt hat, sollte das Bein noch leicht gebogen sein.

Die Rückenlehne sollte man so einstellen, dass die Arme leicht angewinkelt sind, wenn das Lenkrad umfasst wird. Den richtigen Sitzabstand ermitteln wir, indem wir die Arme ganz ausgestreckt halten und das Handgelenk oben auf's Lenkrad legen. Bei manchen Fahrzeugen lassen sich der Sitz und das Lenkrad in der Höhe verstellen. Alle Gänge müssen ohne Vorneigung des Körpers geschaltet werden können.

Die Höhe der Sicherheitsgurte sollte der Körpergrösse angepasst werden. Die Sicherheitsgurte können beim Rückwärtsfahren gelöst werden.

Die Kopfstützen sollten ebenfalls der Körpergrösse angepasst werden, damit bei Auffahrunfällen die Wirbelsäule nicht nach hinten knickt.

Rückspiegel

Den Innenspiegel so einstellen, dass man mühelos ohne Kopf- und Körperverrenkungen die Fahrbahn nach hinten überblicken kann.

Die Aussenspiegel so einstellen, dass man das eigene Auto ganz wenig im Spiegelrand erkennt.

Die Spiegel können nicht den gesamten Verkehrsraum hinter dem Auto abbilden. Es gibt immer tote Winkel. Deshalb muss beim Abbiegen, Anhalten und Überholen seitlich über die Schultern geschaut werden.

Der Innenspiegel ist kein gewöhnlicher Spiegel. Das Glas ist ein langes Prisma, oben dicker als unten. Dadurch verläuft der Strahlengang anders als bei einem normalen Spiegel und es entstehen mehrere Spiegelbilder. Das stärkste Spiegelbild wird als Tagesspiegel genützt, das schwächste als Nachtspiegel, damit man durch die Lichter der nachfolgenden Fahrzeuge nicht geblendet wird. An der Unterseite des Innenspiegels ist ein Hebel angebracht, mit dem man zwischen Tag- und Nachtspiegel umschalten kann.

Schalten

Ein Fahrzeug mit manueller Schaltung hat drei Pedale. Rechts befindet sich das **Gaspedal**, das mit dem rechten Fuss bedient wird. Die Ferse stützt sich dabei auf dem Boden auf.

In der Mitte befindet sich das **Bremspedal**, das ebenfalls mit dem rechten Fuss bedient wird.

Links befindet sich das **Kupplungspedal**. Dieses wird mit dem linken Fuss bedient. Beim Kuppeln kann die Ferse nicht auf dem Boden abgestützt bleiben wie beim Gaspedal. Man sollte das Kupplungspedal mit dem ganzen Bein aus der Hüfte und dem Knie heraus betätigen.

Kupplung

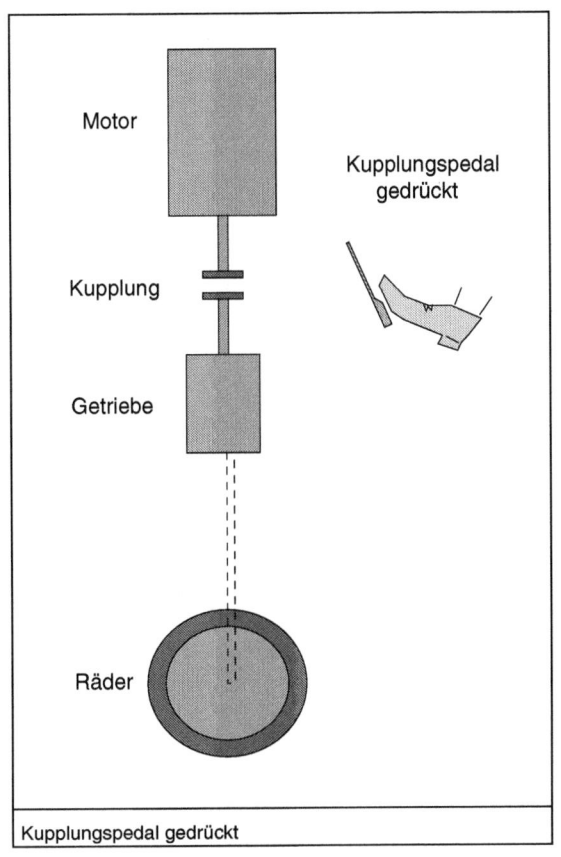

Da der Motor nur innerhalb eines bestimmten Drehzahlbereichs läuft, müssen wir je nach Geschwindigkeit und Steigung verschiedene Gänge schalten. Dazu müssen wir das Kupplungspedal drücken.

Wenn man das Kupplungspedal drückt, löst man die Verbindung zwischen dem Motor und den Rädern. So kann das Auto mit eingelegtem Gang und laufendem Motor stillstehen.

Häufiger Fehler: Der Fahrschüler lässt den Motor an, ohne das Kupplungspedal zu drücken und das Auto macht einen Satz nach vorne.

Ausser beim Anhalten, muss man auch zum Schalten das Kupplungspedal drücken, damit die Zahnräder des Getriebes frei drehen können.

Häufiger Fehler: Der Fahrschüler lässt beim Schalten die Kupplung los, bevor er den gewünschten Gang eingelegt hat, was mit einem Kratzen im Getriebe quittiert wird.

Das Schwierige am Anfahren ist, dass man stillstehende Räder mit dem laufenden Motor verbinden muss. Bei gedrücktem Kupplungspedal steht die Kupplungsscheibe, wleche mit den Rädern verbunden ist, still. Gleichzeitig dreht sich die Kupplungsscheibe, die mit dem Motor verbunden ist. Wenn man das Kupplungspedal langsam löst, berühren sich die beiden Kupplungsscheiben ganz schwach, der Motor tönt tiefer, und das Auto beginnt sich langsam zu bewegen. Diesen Punkt, wo die beiden Kupplungsscheiben sich zu berühren beginnen, nennt man Schleifpunkt. Weil der Motor im Leerlauf wenig Kraft hat, gibt man beim Anfahren etwas Gas (ca. 1500 U/min) bevor man den **Schleifpunkt** sucht. Sobald man diesen gefunden hat, gibt man noch mehr Gas und beginnt die Kupplung langsam zu entlasten.

Häufiger Fehler: Der Fahrschüler lässt die Kupplung zu schnell und zu früh los, würgt den Motor ab und der Wagen steht still.

Wenn sich das Auto in Bewegung gesetzt hat, muss man schon nach wenigen Metern den zweiten Gang schalten.

Häufiger Fehler: Der Fahrschüler fährt zu lange im ersten Gang. An der Prüfung wird eine umweltschonende Fahrweise verlangt.

Beim Schalten muss man die Kupplung **schnell** drücken und gleichzeitig Gas wegnehmen. Durch das Drücken der Kupplung hat der Motor keine Verbindung zu den Rädern und muss deshalb keine Arbeit leisten. Wenn man das Gas nicht wegnimmt, heult der Motor beim Schalten auf.

Nach dem Einlegen des Ganges sollte man Gas geben (Vorgas), bevor man die Kupplung bis zum Schleifpunkt loslässt. Damit wird die zum Motor gehörende Kupplungsscheibe auf die gleiche Drehgeschwindigkeit gebracht wie diejenige, die zu den Rädern gehört. Falls man kein Vorgas gibt, verliert man beim Beschleunigen während des Schaltvorgangs an Geschwindigkeit.

Häufiger Fehler: Der Fahrschüler hat beim Fahren den linken Fuss ständig auf dem Kupplungspedal.

Schalthebel

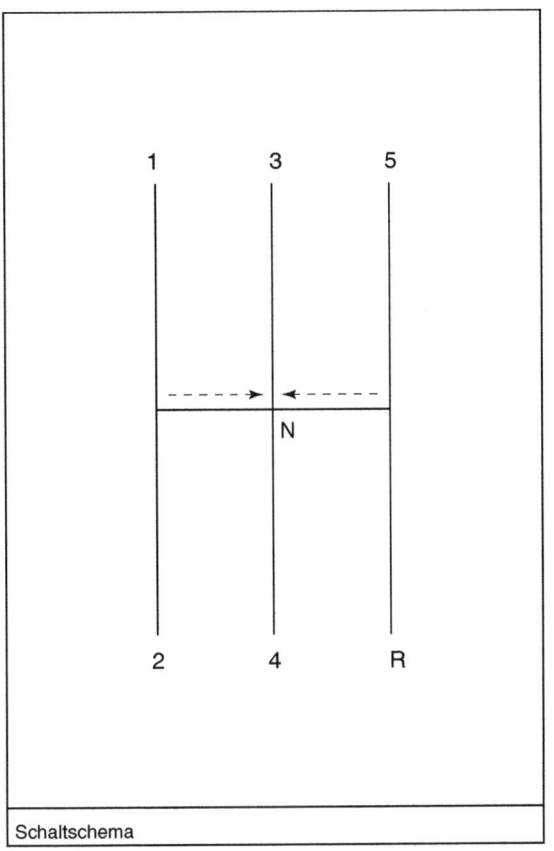

Schaltschema

Auf dem Schalthebel ist das Schaltschema angebracht. Im Leergang (Neutralgang) kann man bei laufendem Motor die Kupplung loslassen, da in dieser Stellung keine Verbindung zwischen dem Motor und den Rädern besteht. Der Schalthebel wird durch zwei Federn in der Ebene des 3. und 4. Ganges gehalten. Für die Gänge 1 und 2 muss man den Druck der einen Feder nach links überwinden, für den Gang 5 muss man nach rechts drücken.

Wenn man schalten möchte, fasst man am besten zuerst den Schalthebel, bevor man die Kupplung drückt.

Häufiger Fehler: Der Fahrschüler hat oft die Angewohnheit, beim Schalten zuerst die Kupplung zu drücken. Erst nachdem er die Kupplung gedrückt hat, merkt er, dass er zum Gangwechsel auch noch den Schalthebel braucht, sucht diesen mit den Augen, und schon hat er einen weiteren falschen Automatismus verinnerlicht. Wichtig: Beim Schalten nicht den Schalthebel anschauen!

Das Schalten sollte mit lockerem Handgelenk durchgeführt werden. Die Gänge sollten langsam eingelegt werden.

Häufiger Fehler: Der Schalthebel wird stark umklammert, so dass man nicht das Schaltschema spüren kann. Das Schalten der Gänge geschieht vielfach zu schnell.

Schalten einzelner Gänge.

Die kleinen Gänge sind schwieriger zu schalten, d.h. man muss das Vorgas richtig dosieren und man braucht mehr Geduld mit dem Schleifpunkt.

1 -> 2: Beim Ziehen des Schalthebels leichter Druck nach links, sonst wird der Hebel durch die Feder in die Position «3-4» gedrückt, und man schaltet anstatt den 2. dadurch den 4. Gang.

2 -> 3   Drücken bis zum Neutralgang - Pause mit lockerem Handgelenk - Drücken in 3. Gang. Während der Pause drückt die Feder den Schalthebel nach rechts in die richtige Position für den 3. Gang.

Häufiger Fehler: Der Fahrschüler vertraut nicht auf die Feder und sucht selber den 3. Gang und schaltet häufig stattdessen den 1. oder 5.

3 -> 4:   Ziehen ohne Seitenkräfte. Leicht zu schalten.

4 -> 5:   Druck nach vorne bis zum Neutralgang - Federdruck nach rechts überwinden - Druck nach vorne.

5 -> 4:   Ziehen bis zum Neutralgang - Pause mit lockerem Handgelenk - ziehen. Die Feder stellt den Schalthebel automatisch in die richtige Position für den 4. Gang.

Häufiger Fehler: Der Fahrschüler vertraut nicht auf die Feder und sucht selber den 4. Gang und schaltet häufig stattdessen den 2. oder versucht gar den Rückwärtsgang zu schalten.

4 -> 3:   Nach vorne drücken ohne Seitenkräfte. Leicht zu schalten.

3 -> 2:   Ziehen bis in die Neutralstellung, mit Druck nach links die Federkraft überwinden, nochmals ziehen. Lange auf dem Schleifpunkt bleiben, damit das Schalten nicht ruppig wird.

2 -> 1   Den Schalthebel nicht mehrmals vergeblich in den 1. Gang hineinwürgen, sondern Druck aufrechterhalten, bis der erste Gang hineinrutscht. Warten mit Schalten des ersten Ganges, bis das Auto Schrittempo fährt.

Häufiger Fehler: Beim Verlangsamen wird der erste Gang meist zu früh bei zu hoher Geschwindigkeit geschaltet. Der Gang lässt sich so nur mit Mühe einlegen und das Getriebe heult dann auf.

Beim Hochschalten in der **Steigung** mehr beschleunigen als in der Ebene, da man während des Schaltvorgangs Geschwindigkeit verliert.

Beim Schalten im **Gefälle** das Fahrzeug mit der Fussbremse während des Schaltvorgangs in der richtigen Geschwindigkeit stabilisieren.

Mit dem Einlegen des Rückwärtsganges muss man warten, bis das Auto ganz stillsteht. Wenn der Rückwärtsgang sich nicht einlegen lässt, kann man dem auf mehrere Arten abhelfen:

a) Man lässt die Fussbremse für einen Moment los und schaltet anschliessend den Rückwärtsgang.

b) Man schaltet einen Vorwärtsgang und versucht dann wieder den Rückwärtsgang einzulegen.

c) Schalthebel in Neutralstellung bringen, Kupplung loslassen und wieder ganz drücken. Anschliessend den Rückwärtsgang schalten.

Wenn der Rückwärtsgang eingelegt ist, leuchtet hinten am Auto die Rückfahrleuchte.

Hier noch eine Übersicht, in welcher Situation der jeweilige Gang am besten geeignet ist:

1. Gang: Dient dem Anfahren, an unübersichtlichen Stellen, in grossen Steigungen.
2. Gang: In schmalen Quartierstrassen, beim Abbiegen, bei übersichtlichen «Vorfahrt gewähren» oder «rechts vor links»-Stellen. In Steigungen.
3. Gang: Im Innerortsverkehr bei guter Übersicht und breiten Strassen.
4. Gang: Meist ausserorts. Auch innerorts bei guter Übersicht und breiten Strassen.
5. Gang: Kraftfahrstrasse und Autobahn. Ausserorts auf ebenen, kurvenarmen Strecken.

Motorleistung

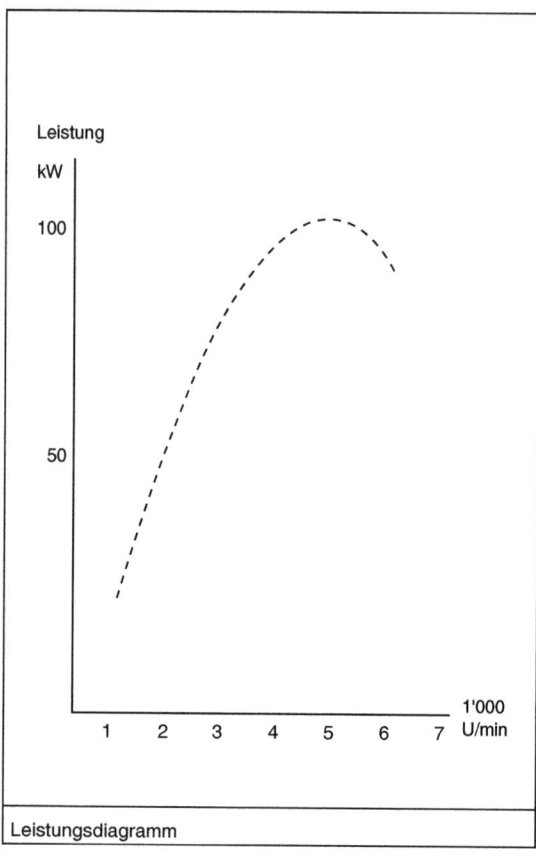

Leistungsdiagramm

Ein Motor läuft im Leerlauf, wenn man kein Gas gibt, etwa mit 1000 Umdrehungen pro Minute. In dieser Phase hat der Motor eine geringe Leistung. Erst beim Gas geben bringt der Motor viel Leistung. Die meisten Benzinmotoren erbringen bei 4000 bis 6000 Umdrehungen pro Minute die grösste Leistung. Aus technischen und physikalischen Gründen kann man den Motor nicht unendlich weit beschleunigen, deshalb nimmt bei sehr hohen Drehzahlen seine Leistung wieder ab. Sehr hohe Drehzahlen verträgt der Motor nur für eine kurze Zeit.

Die praktische Bedeutung der Leistungskurve erkennt man beim Anfahren. Wenn man beim Anfahren kein Gas gibt, bevor man mit dem Loslassen des Kupplungspedals beginnt, ist es schwierig, den Wagen in Bewegung zu bringen, ohne den Motor abzuwürgen.

Auch beim Überholen nützt das Wissen über die Leistungskurve eines Motors. Wenn man im 4. Gang mit 60 km/h hinter einem langsamen Fahrzeug fährt und im gleichen Gang dann dieses Fahrzeug überholt, wird der Überholweg sehr lange. Durch das Wählen eines niedrigen Ganges, dreht der Motor schneller bei gleicher Geschwindigkeit, hat aber eine höhere Beschleunigungsleistung.

Lenken

In der Grundstellung zum Geradeausfahren und in leichten Kurven bleibt die linke Hand auf der Position 9 bis 10 Uhr, die rechte Hand 2 bis 3 Uhr. Das Lenkrad sollte man beim Fahren nie loslassen. Man sollte auch nicht mit einer Hand fahren.

Häufiger Fehler: Der Fahrschüler umklammert beim Fahren das Lenkrad zu fest.

Vor allem schwerere Autos sind mit einer Lenkhilfe ausgestattet. Die Lenkhilfe funktioniert nur bei laufendem Motor. Darum sollte man den Motor während der Fahrt nicht abstellen. Ob ein Auto mit einer Lenkhilfe ausgestattet ist, lässt sich einfach feststellen. Man macht einige Lenkbewegungen, wenn das Auto steht und der Motor abgestellt ist. Wenn die Lenkung nach dem Motoranstellen viel leichter läuft, hat das Auto eine Lenkhilfe.

Bremsen

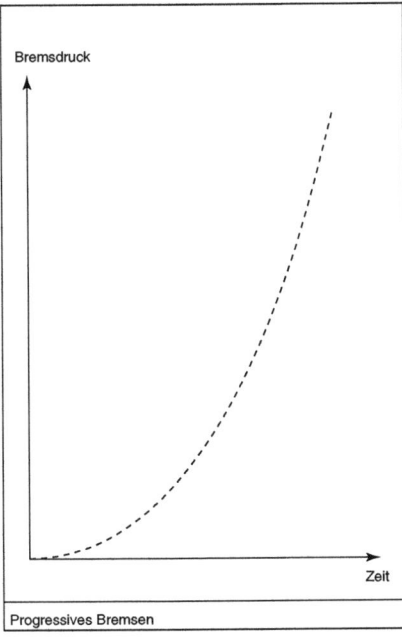

Progressives Bremsen

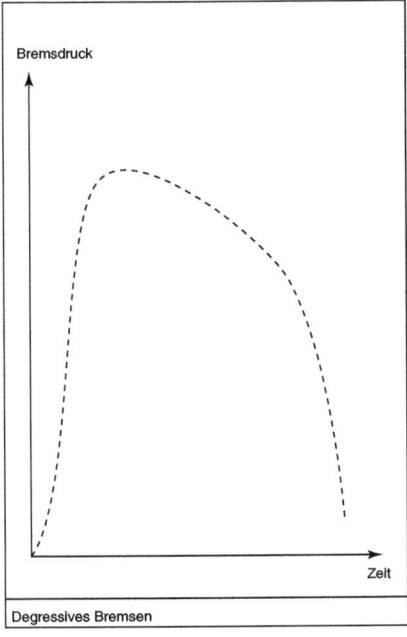

Degressives Bremsen

Die **Bewegungsenergie** eines Fahrzeuges hängt von der **Masse** und der **Geschwindigkeit im Quadrat** ab. Bei hoher Geschwindigkeit hat das Fahrzeug eine sehr hohe Bewegungsenergie, die man mit Bremsen in Wärme umwandelt.

Das **progressive** Bremsen ist typisch für den Anfänger. Zu Beginn des Bremsvorganges ist die Bewegungsenergie sehr gross. Der Anfänger übt einen schwachen Druck auf das Bremspedal aus. Allmählich merkt er, dass er so das Auto nicht zum Stehen bringt und erhöht deshalb immer mehr den Bremsdruck. Weil am Schluss des Bremsvorganges die Bewegungsenergie sehr klein und der Bremsdruck sehr gross ist, entsteht beim Anhalten ein heftiger Ruck nach vorne. Das progressive Bremsen ist ein «physikalisch unlogisches» Bremsen, aber man muss sagen, dass diese Art zu bremsen leider angeboren ist.

Das **degressive** Bremsen ist das physikalisch richtige Bremsen. Am Anfang des Bremsvorganges, wo noch viel Bewegungsenergie vorhanden ist, bremst man stark. Später wenn die Bewegungsenergie immer kleiner wird, vermindert man den Bremsdruck. Damit wird ruckfreies Anhalten ermöglicht.

Ein zu schnelles Drücken der Bremse wird als störend empfunden. Ein schnelles Loslassen der Bremse während des Bremsvorganges ist ebenfalls unangenehm.

Vor allem schwerere Fahrzeuge verfügen über einen Bremskraftverstärker. Dieser funktioniert meist mit Unterdruck, der vom Motor erzeugt wird. Wenn man den Motor abstellt, ist der Unterdruck nach wenigen Bremsungen aufgebraucht. Beim Abschleppen ist Vorsicht geboten, da beim abgeschleppten Fahrzeug der Bremskraftverstärker nicht funktioniert.

Die Handbremse wirkt meist nur auf die Hinterräder. Deshalb besteht Schleudergefahr beim abrupten Betätigen aus voller Fahrt. Die Handbremse hat auch keinen Bremskraftverstärker.

Bremsbereitschaft

Bremsbereit sein, heisst den Fuss vom Gaspedal wegnehmen und über das Bremspedal stellen.

Bremsbereitschaft muss man erstellen bei unübersichtlichen Verzweigungen oder wenn Anzeichen dafür bestehen, dass sich ein anderer Verkehrsteilnehmer nicht richtig verhalten wird. (Kinder, Bauarbeiter etc.)

Häufiger Fehler: Der Fahrschüler erstellt die Bremsbereitschaft meistens nur widerwillig.

Notbremsung

Bei der Notbremsung muss man schnell und kräftig in das Bremspedal hineintreten. Kurz vor dem Anhalten die Kupplung drücken. Im Gegensatz zum normalen Anhalten, darf man bei der Notbremsung den Druck am Schluss nicht vermindern.

Häufiger Fehler: Der Fahrschüler getraut sich nicht mit aller Kraft in das Bremspedal zu treten.

Bei Autos **ohne** ABS werden bei einer Notbremsung die Räder blockiert, so dass ein schwarzer Streifen auf dem Asphalt zurückbleibt. Lenken mit blockierten Rädern ist nicht möglich.

Bei Autos **mit** ABS wird das Blockieren der Räder bei starkem Bremsen verhindert. Dies macht sich durch Schlagen im Bremspedal und durch klopfende Geräusche bemerkbar. Weil die Räder nicht blockiert werden, kann man bei einer Notbremsung mit ABS noch lenken. Auf nasser Strasse ist kein Reifenabrieb zu sehen, auf trockener lässt sich meist ein leichter Reifenabrieb feststellen.

Anfahren in der Steigung

ohne Handbremse

1. Kupplung und Fussbremse gleichzeitig gedrückt halten.
2. Schleifpunkt erfassen und halten.
3. Fussbremse lösen. Der Wagen sollte nicht rückwärtsrollen.
4. Gas geben, erst dann Kupplung langsam lösen.

Häufiger Fehler: Zu wenig Geduld. Das Auto kann sich nicht plötzlich in Bewegung setzen, deshalb den Schleifpunkt sehr lange halten und Kupplung langsam entlasten.

mit Handbremse

1. Den Wagen mit der Handbremse halten. Die Handbremse muss man so stark anziehen, dass der Wagen nicht rückwärts rollt. Mit dem Daumen den Sperrknopf gedrückt halten.
2. Gas geben.
3. Schleifpunkt erfassen.
4. Handbremse **schnell** nach unten drücken und gleichzeitig mehr Gas geben.
5. Kupplung langsam lösen und noch mehr Gas geben.

Die Methode mit der Handbremse bietet die beste Garantie gegen unbeabsichtigtes Rückwärtsrollen.

Häufige Fehler:

bei Punkt 1: Der Sperrknopf der Handbremse wird nicht mit dem Daumen gehalten. Vor dem Wegfahren muss man jetzt noch die Handbremse leicht nach oben ziehen, damit man den Knopf überhaupt drücken kann und damit die Handbremse lösen kann. Beim Wegfahren entsteht so eine Verzögerung.

bei Punkt 4: Der Sperrknopf wird zu früh losgelassen, so kann die Handbremse nicht ganz gelöst werden.

bei Punkt 5: Anstatt mehr Gas zu geben, lässt der Fahrschüler die Kupplung los und würgt den Motor ab.

Sichern des Fahrzeugs in der Steigung/im Gefälle

Wenn man das Auto in der Steigung oder im Gefälle stehenlässt, besteht die Gefahr, dass es wegrollt. Um dies zu verhindern, muss man einige Massnahmen treffen. Zuerst wird die Kurzform des Wagensicherns aufgeführt, weiter unten folgen die Erklärungen zu den einzelnen Punkten.

1. anhalten
2. ersten Gang einlegen / ev. Ablenken der Räder
3. elektrische Verbraucher abstellen
4. Motor abstellen
5. Kupplung loslassen
6. Fussbremse loslassen und warten / Keil?
7. Handbremse anziehen
8. Zündschlüssel entfernen / Lenkradschloss

Diese Reihenfolge beim Wagensichern ist sehr wichtig. Die einzelnen Punkte werden nachfolgend näher erklärt.

1. Nahe am Fahrbahnrand anhalten. Der Abstand sollte bis 30 cm betragen.
2. Ersten Gang einlegen. Der erste Gang wie auch der Rückwärtsgang halten das Auto am besten in der Steigung.
3. Das Einlegen des 1. Ganges kann durch das Ablenken der Räder ersetzt werden, wenn damit eine wirksame Sicherung gegen das Wegrollen erreicht wird.
4. Blinker zurückstellen, elektrische Verbraucher (z. B. Scheibenwischer, Licht) ausschalten.
5. Motor abstellen, Zündung ausschalten.
6. Kupplung loslassen. Die Räder und der Motor sind so verbunden. Wenn man zuerst die Fussbremse loslässt, rollt der Wagen ungebremst talwärts.
7. Fussbremse loslassen und einige Sekunden warten, bevor man die Handbremse zieht. In dieser Zeit kann man überprüfen, ob der Wagen vom Motor in der Steigung gehalten wird. Was den Wagen am Wegrollen hindert, ist den meisten Fahrschülern ein Rätsel. Es ist die Luft in den Zylindern des Motors, die zusammengedrückt wird und den Wagen in der Steigung hält.

Häufiger Fehler: Die meisten Fahrschüler haben ein inneres Programm, welches ihnen befiehlt, zuerst die Handbremse zu ziehen und erst dann die Pedale loszulassen. Leider ist dieses Programm falsch! Man lässt zuerst die Pedale los und zieht anschliessend die Handbremse.

8. Falls der 1. Gang das Fahrzeug nicht zu halten vermag, ist beim bordsteinseitigen Hinterrad ein Keil anzubringen. Natürlich zuerst die Handbremse ziehen, bevor man aussteigt, sonst wird es lebensgefährlich!
9. Handbremse anziehen. Die Handbremse wird erst dann angezogen, wenn man die Pedale losgelassen hat! Wenn man zuerst die Handbremse zieht und erst dann die Pedale loslässt, kann man gar nicht überprüfen, ob der Motor den Wagen in der Steigung hält. Die Handbremse muss so fest angezogen werden, dass der Wagen nicht wegrollt, wenn man das Kupplungspedal durchdrückt.

Zündschlüssel entfernen und das Lenkradschloss einrasten lassen. So wird das Auto noch gegen Diebstahl geschützt.

Beim Wegfahren entsteht häufig ein Problem mit dem Motoranlassen. Wenn das Lenkradschloss eingerastet ist, kann man den Schlüssel nicht drehen. Deshalb gleichzeitig zum Schlüsseldrehen das Lenkrad leicht nach links und rechts bewegen.

Häufiger Fehler: Beim Wegfahren nach dem «Wagen sichern» wird Beobachten und Blinker vergessen.

Beobachten beim Anfahren

Bevor man sein Fahrzeug in den Verkehr einfügen will, muss man die anderen Teilnehmer beobachten und anschließend mit dem Blinker informieren.

1. Innenspiegel beobachten.
2. Linken Aussenspiegel beobachten.
3. Den linken Blinker stellen.
4. Beobachten nach hinten über die linke Schulter.
5. Anfahrgas geben ca. 1500 U/min.
6. Schleifpunkt fassen.
7. Sobald sich das Auto zu bewegen beginnt, zweiter Schulterblick nach links.
8. ev. Blinker zurückstellen.

Häufiger Fehler bei Punkt 7: Der zweite Schulterblick wird vergessen.

Beobachten und Spurgestaltung beim Rechtsanhalten

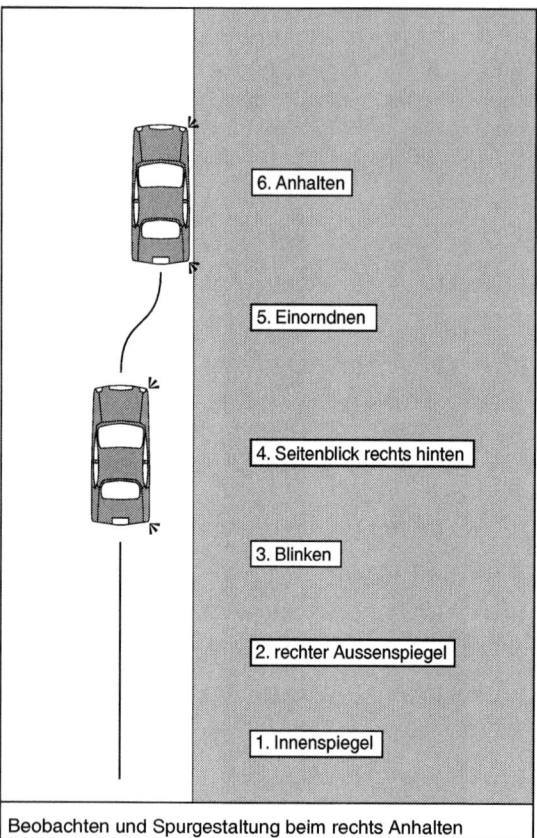

1. Innenspiegel beobachten.
2. Rechten Aussenspiegel beobachten.
3. Blinker betätigen.
4. Blick nach rechts hinten (Radfahrer!).
5. Einordnen gegen den Strassenrand.
6. Anhalten.

Beobachten und Spurgestaltung beim rechts Anhalten

Beobachten und Spurgestaltung beim Rechtsabbiegen

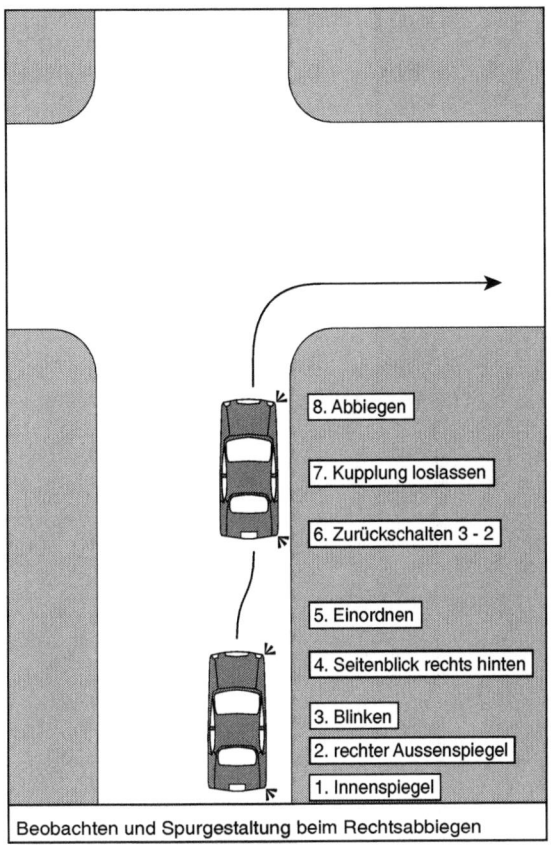

Beobachten und Spurgestaltung beim Rechtsabbiegen

1. Innenspiegel beobachten.
2. Rechten Aussenspiegel beobachten.
3. Blinker betätigen.
4. Blick nach rechts hinten.
5. Möglichst weit rechts fahren.
6. Zurückschalten mit gleichzeitigem Bremsen.
7. Vor dem Abbiegen Kupplung unbedingt loslassen.
8. Abbiegen unter gleichzeitigem Beobachten der Verzweigung.

Häufiger Fehler bei Punkt 2: Sehr viele Fahrschüler vergessen nach einer gewissen Zeit, in den rechten Aussenspiegel zu schauen.

Häufiger Fehler bei Punkt 5: Der Fahrschüler ordnet sich zu wenig nach rechts ein. Dies hindert einerseits die nachfolgenden Fahrzeuge am Überholen, andererseits besteht erhöhte Unfallgefahr mit Radfahrern von rechts hinten.

Häufiger Fehler bei Punkt 6: Der Fahrschüler tut sich schwer, gleichzeitig zu bremsen und zu schalten. Er lässt die Bremse vor der Kupplung los. Dadurch wird das Auto zu wenig verzögert und biegt mit einer zu hohen Geschwindigkeit ab.

Häufiger Fehler bei Punkt 7: Die Kupplung wird nach dem Zurückschalten nicht losgelassen. Der Fahrschüler fährt ausgekuppelt durch die Kurve und lässt die Kupplung erst nach der Kurve los.

Korrekte Blicktechnik und Spur beim Rechtsabbiegen

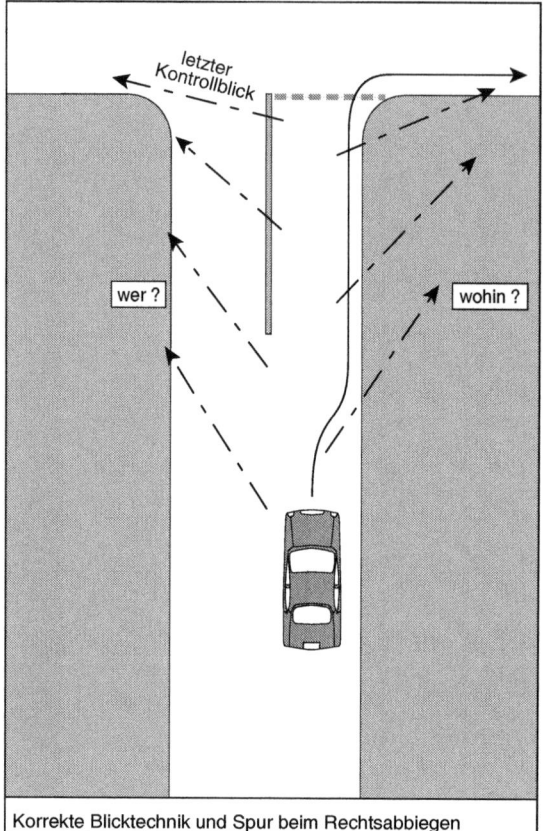

Korrekte Blicktechnik und Spur beim Rechtsabbiegen

Neben der Spiegelbenützung beim Rechtsabbiegen muss man auch die Vorfahrtsverhältnisse und die Übersicht der Kreuzung berücksichtigen. Man muss möglichst früh mit Beobachten nach links und rechts beginnen, um die Übersicht abzuschätzen. Je schlechter die Übersicht ist, umso langsamer muss man die Kreuzung befahren. Man muss wissen, **wer** könnte mein Weiterkommen behindern (Vorfahrt), und **wohin** will ich fahren (Spurgestaltung). Deshalb sollte man während des Abbiegens schnell links/rechts beobachten. Sehr wichtig ist der letzte Kontrollblick nach links.

Falsche Blicktechnik und Spur beim Rechtsabbiegen

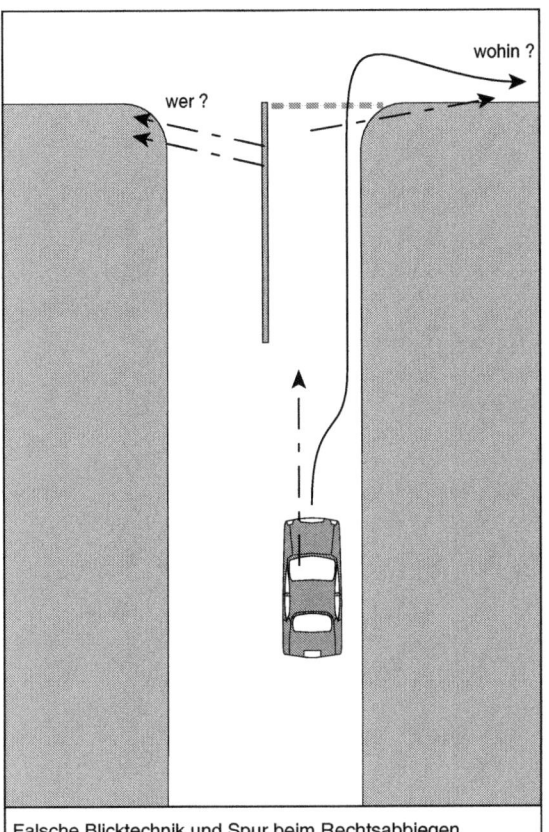

Falsche Blicktechnik und Spur beim Rechtsabbiegen

Das Beobachten der Kreuzung und die Spurgestaltung beim Abbiegen machen dem Fahrschüler oft Mühe. Er schaut zu lange geradeaus, erkennt dadurch die Übersicht der Kreuzung nicht richtig und wählt eine falsche Geschwindigkeit. Wenn der Fahrschüler dann endlich nach links schaut, macht er dies zu lange. Der von links kommende Verkehr wird zu lange fixiert. Der Fahrschüler beobachtet zu wenig, **wohin** er fahren will. Der Fahrschüler fährt deshalb nicht dem Strassenrand entlang, sondern in Richtung Strassenmitte, manchmal auch in den Gegenverkehr. Der letzte Kontrollblick nach links, kurz bevor man in die andere Strasse einbiegt, ist für die Sicherheit sehr wichtig. Die Fahrschüler »vergessen« häufig diesen, manchmal lebenswichtigen, Kontrollblick.

Gefahr beim Rechtsabbiegen

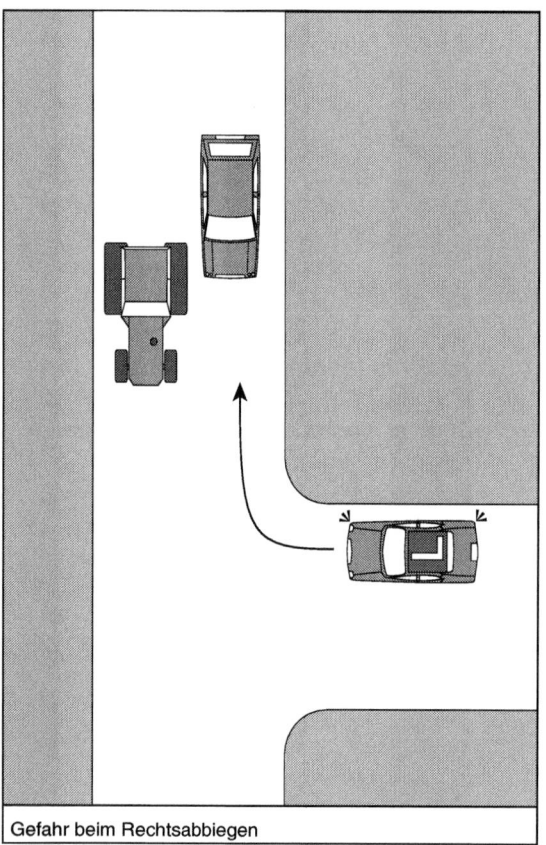

Gefahr beim Rechtsabbiegen

Der Fahrschüler glaubt, beim Rechtsabbiegen kommt die Gefahr nur von links. Es gibt viele Kreuzungen, die nicht mit einer Sicherheitslinie versehen sind. Im hier dargestellten Fall riskiert man einen Frontalzusammenstoss, wenn man nur nach links schaut und blind in die Kreuzung hinausfährt. Man sollte daran denken, dass jegliches Überholen im Bereich einer Kreuzung gefährlich ist.

Beobachten und Spurgestaltung beim Linksabbiegen

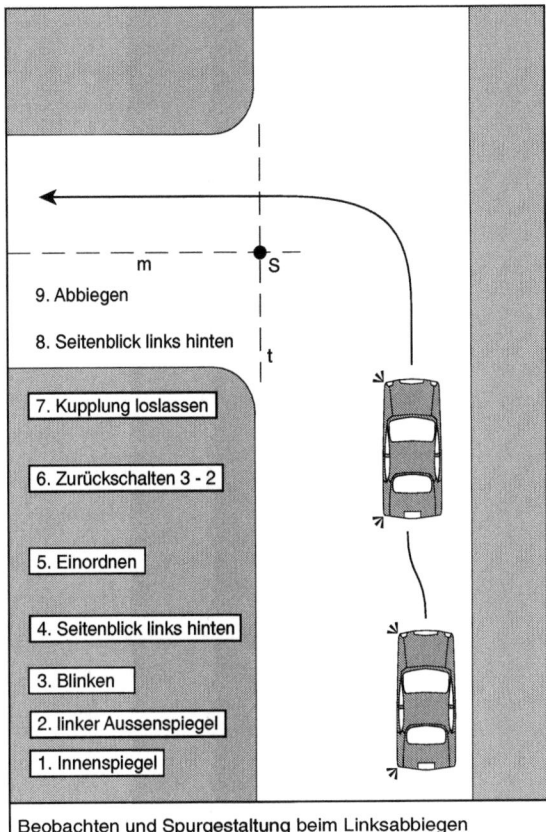

Beobachten und Spurgestaltung beim Linksabbiegen

1. Innenspiegel beobachten.
2. Linken Aussenspiegel beobachten.
3. Blinker betätigen.
4. Seitenblick nach links.
5. Einordnen gegen Strassenmitte, sofern die Strasse genug breit ist.
6. Verlangsamen, wenn nötig zurückschalten. Beim Zurückschalten Wagen mit Fussbremse weiter verlangsamen und ruckfrei einkuppeln.
7. Kupplung unbedingt loslassen.
8. Unmittelbar vor dem Abbiegen Seitenblick nach links. Kontrolle, ob man überholt wird.
9. Abbiegen.

Beim Linksabbiegen muss man auf die richtige Spurgestaltung achten. Falls die Querstrasse, in die man einbiegt, eine Bodenmarkierung «STOP» oder «Vorfahrt gewähren» hat, sollte man darauf achten, dass man diese nicht überfährt. Auf Strassen ohne Bodenmarkierung wird beim Linksabbiegen häufig die Kurve geschnitten. Um das zu vermeiden, kann man in Gedanken den Bordstein verlängern, (t) und zusammen mit der Mitte der Querstrasse (m) einen Schnittpunkt bilden (S). Um diesen Schnittpunkt herum fährt man dann.

Falsche Spur beim Linksabbiegen

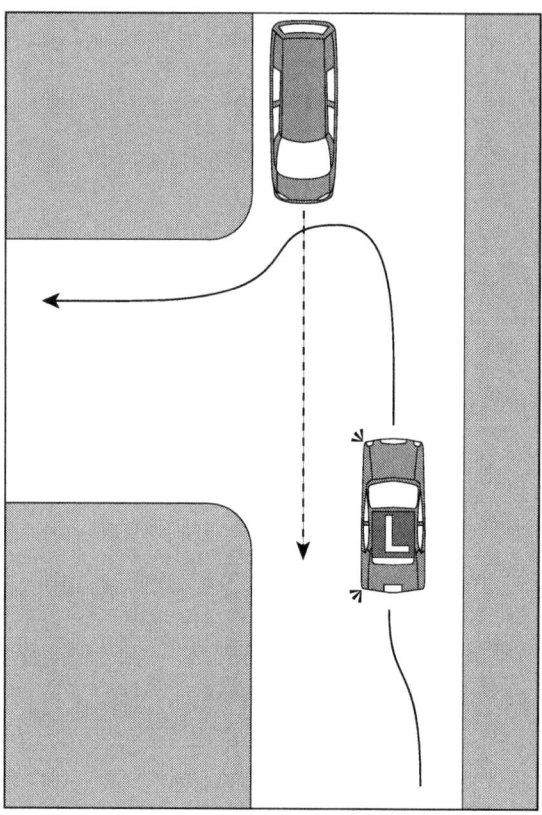

Falsche Blicktechnik beim Linksabbiegen

Beim Linksabbiegen mit Gegenverkehr fährt der Fahrschüler häufig eine falsche Spur. Entgegenkommende Fahrzeuge werden zu lange angeschaut (fixiert). Dadurch verliert der Fahrschüler die Orientierung und fährt zu weit nach vorne. Es ist wichtig beim Herannahen an die Kreuzung immer wieder in die Querstrasse, in die man fahren will, zu schauen. Man sollte nicht weiter als bis zur Mitte der Querstrasse fahren.

Kurve schneiden

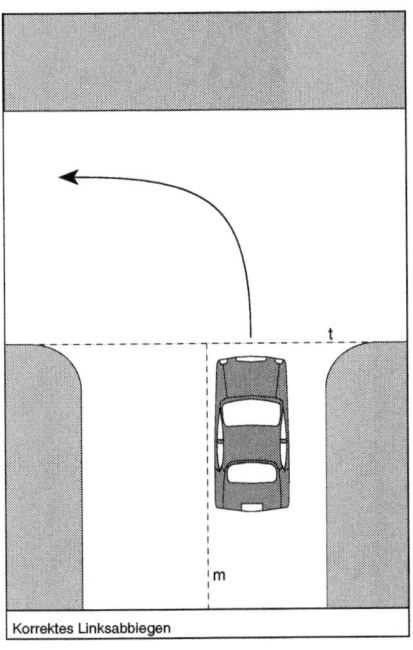

Korrektes Linksabbiegen

Es ist wichtig, beim Abbiegen nicht die Kurve zu schneiden. Als Hilfe kann man sich vorstellen, wo man die Bodenmarkierung STOP anbringen würde. An dieser unsichtbaren Bodenmarkierung sollte man sich beim abbiegen orientieren. Man stellt sich die Mitte der eingenen Strasse und die Verlängerung der Bordsteinkante vor.

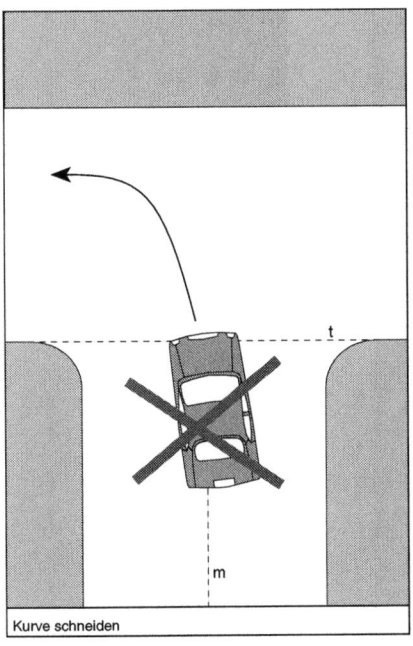

Kurve schneiden

In der Abbildung hat der Fahrschüler zu früh mit dem Lenken begonnen. Wenn von rechts ein Fahrzeug herannaht, muss man anhalten und diesem die Vorfahrt lassen. Da man aber schon quer in der Kreuzung steht, kann das von rechts kommende Fahrzeug gar nicht weiterfahren.

Blinkerbetätigung/Abknickende Vorfahrt

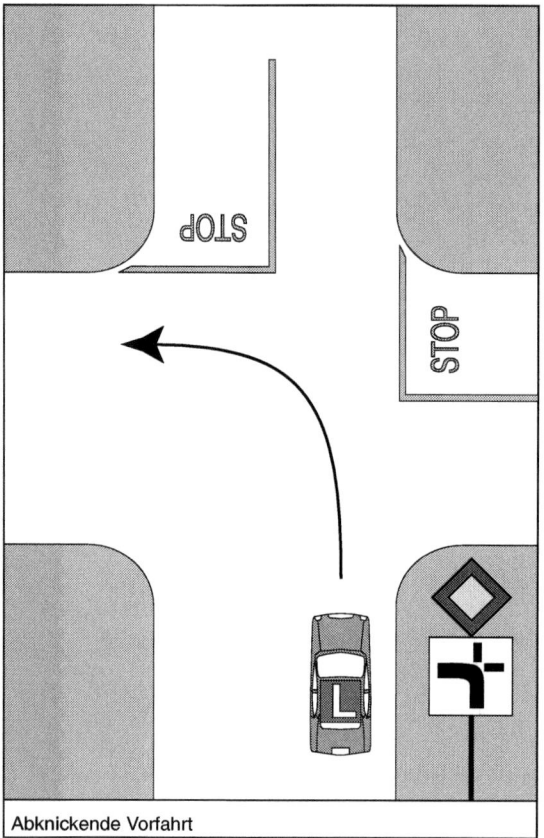

Abknickende Vorfahrt

Die abknickende Vorfahrtsstrasse entspricht nicht dem natürlichen Strassenverlauf. Die dicke schwarze Linie im Zusatzzeichen gibt an, wie die Vorfahrtsstrasse verläuft. Wenn Sie der Vorfahrtsstrasse folgen, müssen Sie blinken, auf Fussgänger Rücksicht nehmen und nötigenfalls warten.

Abbiegen über Busspur oder Sonderfahrstreifen

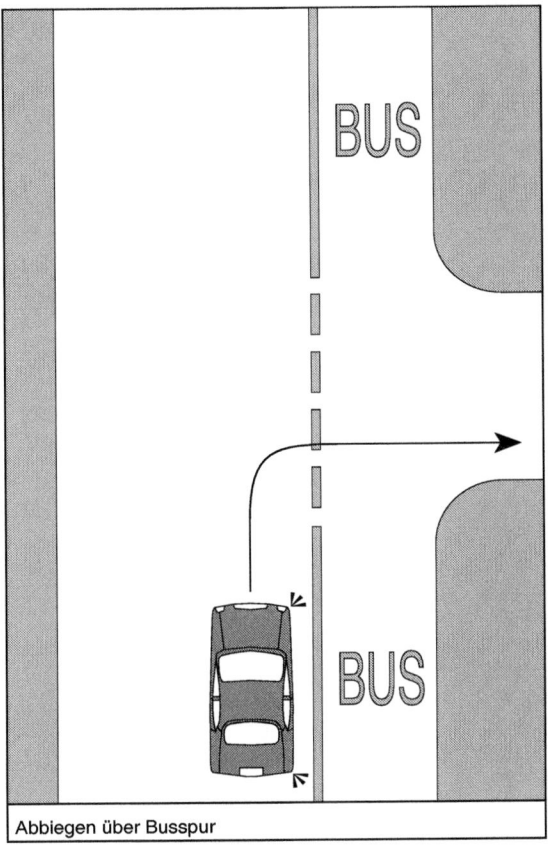

Abbiegen über Busspur

Der Busstreifen darf von anderen Fahrzeugen nicht benutzt werden, darf aber an Stellen überquert werden, wenn unterbrochene Linien angebracht sind. Kurz vor dem Abbiegen sollte der Verkehrsraum hinten rechts nochmals sorgfältig beobachtet werden. Es könnte nicht nur ein Bus herannahen, sondern auch ein Fahrzeug, welches den falschen Fahrstreifen benutzt.

Rechtsfahren

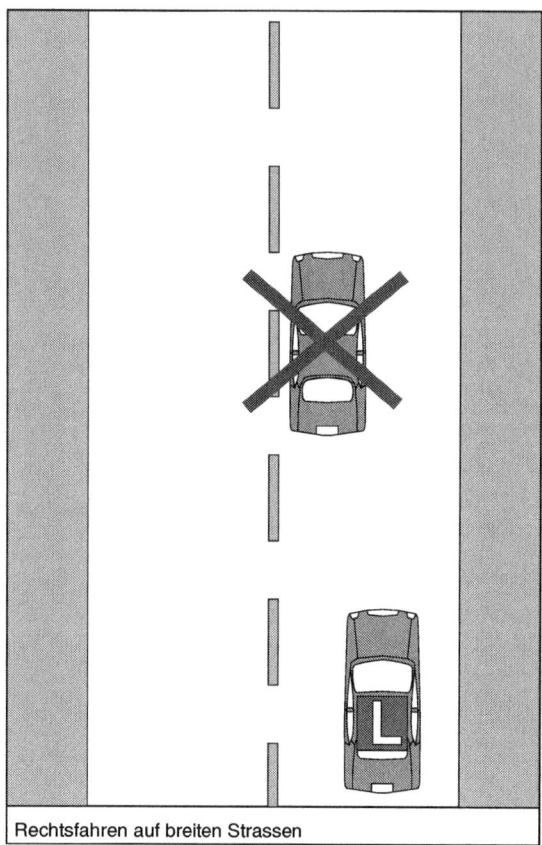

Rechtsfahren auf breiten Strassen

Fahrzeuge müssen möglichst weit rechts fahren.

An schmalen und unübersichtlichen Stellen muss man ganz nahe am Strassenrand fahren.

Auf breiten Strassen fährt man ca. 1 m vom rechten Fahrbahnrand entfernt. Auch auf sehr breiten Strassen sollte man nicht irgendwo in der Mitte fahren, sondern sich am rechten Fahrbahnrand orientieren.

Häufiger Fehler: Je breiter die Strasse ist, desto weiter entfernt sich der Fahrschüler vom Fahrbahnrand. Auf grossen Parkplätzen haben die Fahrschüler überhaupt kein Gefühl dafür, welchen Teil der Fahrbahn sie benutzen dürfen.

Rechtsfahren in mehrspurigen Strassen

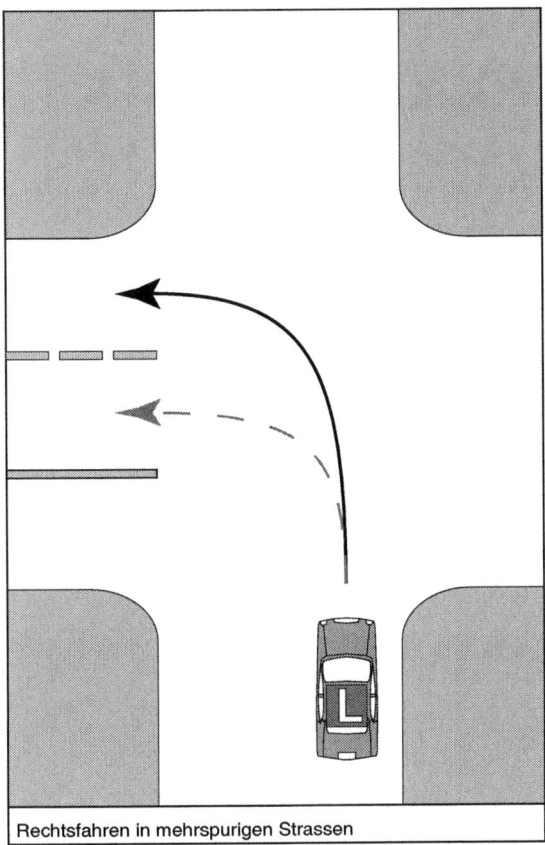

Rechtsfahren in mehrspurigen Strassen

Alte Prüfungsregel:

- der rechte Fahrstreifen ist der Weg zum Führerschein
- der linke Fahrstreifen ist der Weg zur Wiederholungsprüfung

Häufiger Fehler: Der Fahrschüler orientiert sich blicktechnisch zu sehr an der Strassenmitte und weniger am Strassenrand, so dass er dadurch in die linke Spur gerät.

Vorausfahrendes Fahrzeug biegt nach links ab

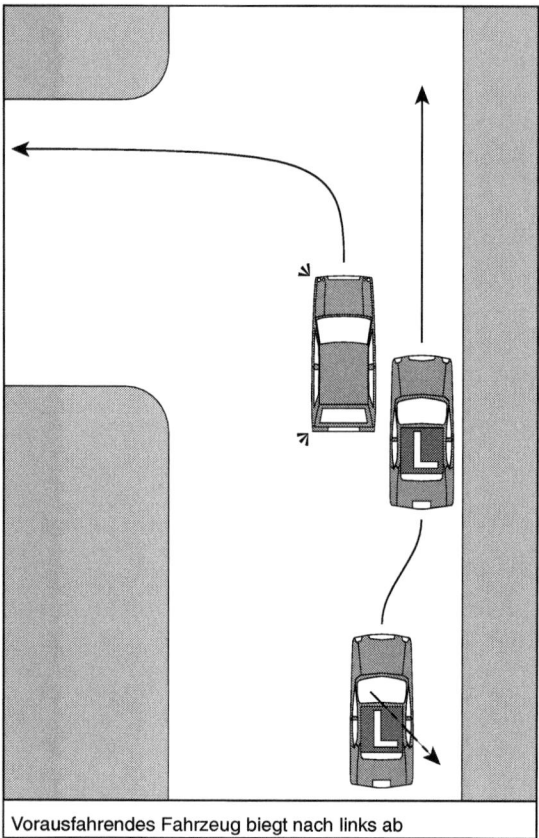

Vorausfahrendes Fahrzeug biegt nach links ab

Wenn das vorausfahrende Fahrzeug nach links abbiegt und die Strasse breit genug ist, kann man am abbiegenden Fahrzeug rechts vorbeifahren. Bevor man rechts vorbeifährt, muss man nach rechts hinten beobachten. Von hinten herannahenden Radfahrern darf man den Weg nicht abschneiden.

Überholen eines Hindernisses

1. Innenspiegel beobachten.
2. Linken Aussenspiegel beobachten.
3. Den linken Blinker betätigen.
4. Seitenblick nach links.

Überholen eines Hindernisses

Lückenausnutzung im Kreisverkehr

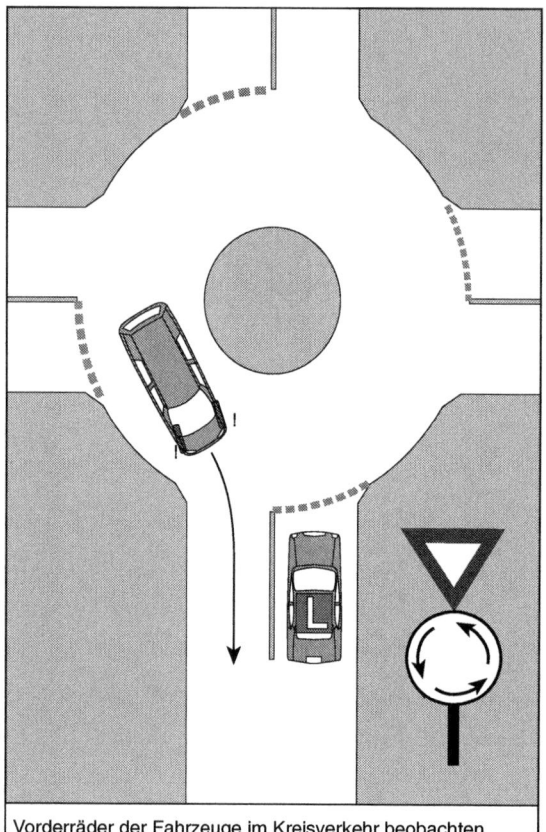

Vorderräder der Fahrzeuge im Kreisverkehr beobachten

Bei der Einfahrt in den Kreisverkehr sollte man nicht nur den Blinker der anderen Fahrzeuge beachten, denn viele Fahrer halten sich nicht an die Blinkregel. Vielmehr sollte man auf die **Vorderräder** der anderen Fahrzeuge achten. So kann man am besten erkennen, ob ein Fahrzeug zum Kreisverkehr hinausfährt und für uns eine Lücke entsteht.

Vorfahrt

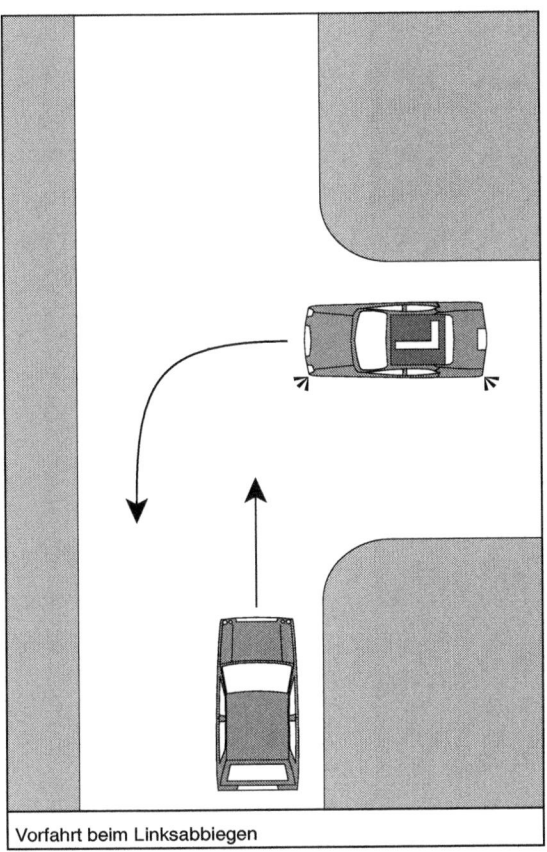

Vorfahrt beim Linksabbiegen

Es gibt sehr viele verschiedene Situationen, wo der Fahrschüler sich in seinem Vorfahrtsrecht unsicher ist.

In der Abbildung sieht man eine Kreuzung mit Rechtsvorfahrt. Fahrzeuge, die rechts von unserer Abbiegespur sind, haben Vorfahrt. Fahrzeuge, die links von unserer Abbiegespur sind, haben keinen Vorfahrt. Das L-Auto hat hier Vorfahrt. Der Fahrschüler lässt sich durch von links herannahende Fahrzeuge einschüchtern. Vor allem in Fällen, wo eine Strasse in eine durchgehende Strasse einmündet, trauen sich die Fahrschüler nicht, ihre Vorfahrt auszuüben. Zu Unrecht glauben viele Fahrschüler: Wer links abbiegt, hat keine Vorfahrt. Wie das Beispiel zeigt, kann man nach links abbiegen und trotzdem Vorfahrt haben.

Vorfahrt an der Stop-Stelle

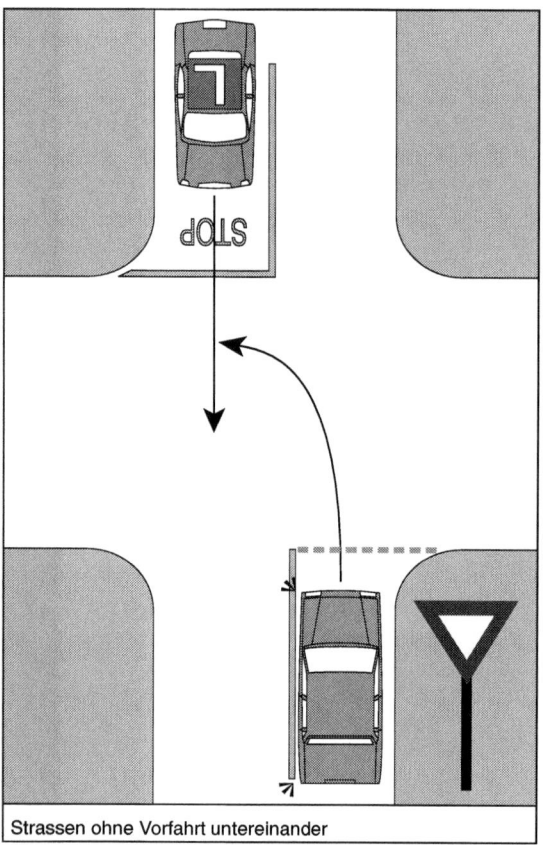

Strassen ohne Vorfahrt untereinander

Viele Fahrschüler meinen, wer aus einer STOP-Strasse kommt, darf als Letzter fahren. Das Verkehrszeichen «Halt! Vorfahrt gewähren» wird dort aufgestellt, wo die Übersicht an der Kreuzung sehr schlecht ist. Die Verkehrszeichen «Vorfahrt gewähren» und «Halt! Vorfahrt gewähren» sind von der Vorfahrt her gesehen ebenbürtig. Auch in diesem Fall entscheidet sich die Vorfahrt nach der Regel: Was ist rechts von meiner Fahrspur? Da rechts vom L-Auto nichts ist, darf dieses zuerst fahren.

Lückenausnutzung bei Gegenverkehr

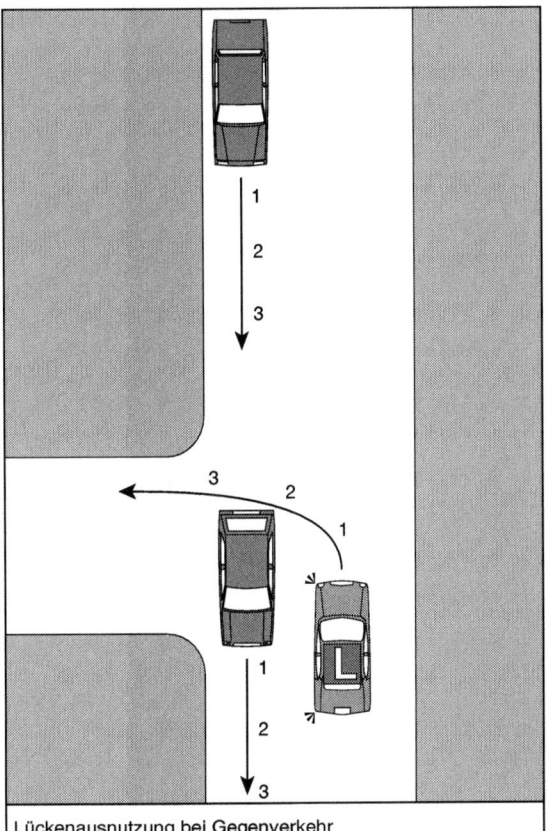

Lückenausnutzung bei Gegenverkehr

Wenn in der Kolonne des Gegenverkehrs eine Lücke entsteht, sollte man diese für die Weiterfahrt benützen. Der Fahranfänger wartet auf eine riesige Lücke, weil er das Beschleunigunsvermögen seines Autos nicht kennt, weil er Angst hat, den Motor abzuwürgen und weil er sich nicht richtig auf die Lückenausnutzung vorbereitet.

Die Lücke ist durch zwei Fahrzeuge definiert. Der Fahranfänger wartet, bis das vordere Fahrzeug vorbeigefahren ist, beginnt erst dann zaghaft mit den Vorbereitungen auf die Weiterfahrt, aber da ist es schon zu spät, weil das hintere Fahrzeug herannaht.

Man muss früh entscheiden, welche Lücke man benützen will. Lange bevor das vordere Fahrzeug auf gleicher Höhe ist, beginnt man sachte Gas zu geben und sucht den Schleifpunkt. Kurz bevor das vordere Fahrzeug auf gleicher Höhe ist, fährt man los und lenkt sofort nach links.

Die Zahlen in der Abbildung sollen deutlich machen, wo sich die Fahrzeuge nach 1, 2 und 3 Sekunden befinden.

Lückenausnutzung bei Querverkehr

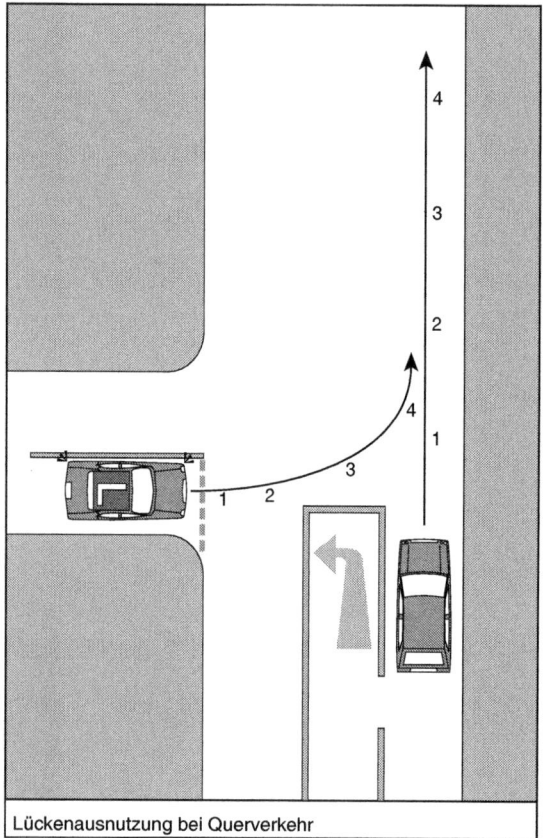

Lückenausnutzung bei Querverkehr

Auf breiten Strassen sollte man beim Linksabbiegen nicht warten, bis das von rechts kommende Fahrzeug vorbeigefahren ist. Bevor das andere Fahrzeug auf unserer Höhe ist, fängt man mit der Beschleunigung an. Bis wir unser Auto in Bewegung gesetzt haben, hat das andere Fahrzeug die Kreuzung schon verlassen.

Die Zahlen in der Abbildung sollen deutlich machen, wo sich die Fahrzeuge nach 1, 2, 3 und 4 Sekunden befinden.

Lückenausnutzung bei mehrspurigen Strassen (1)

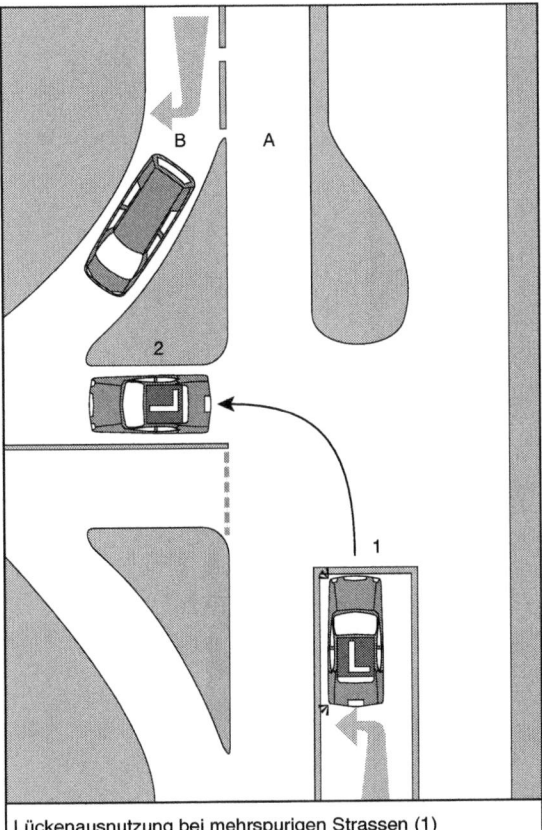

Wenn im Fahrstreifen A keine Fahrzeuge herannahen, sollte man nicht bei Punkt 1 warten, sondern zu Punkt 2 weiterfahren. Hier lässt man dem Fahrzeug im Fahrstreifen B die Vorfahrt, weil es von rechts kommt.

Lückenausnutzung bei mehrspurigen Strassen (1)

Lückenausnutzung bei mehrspurigen Strassen (2)

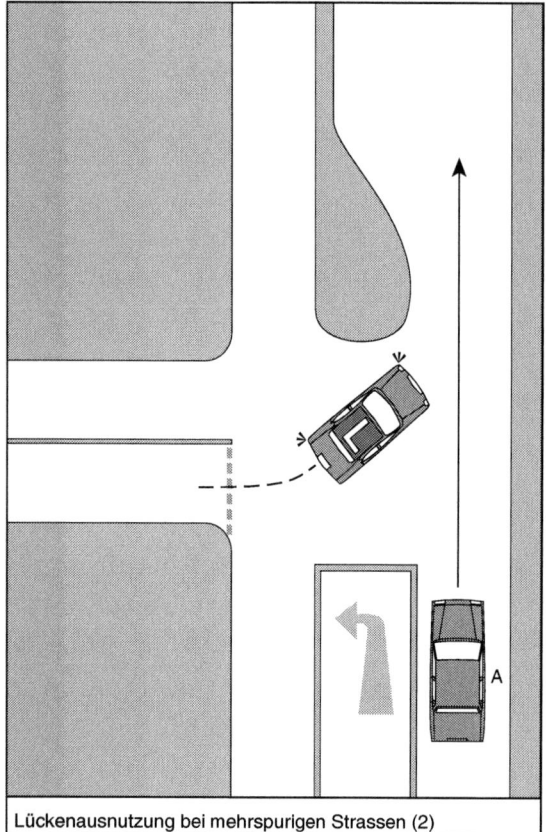

Wenn von links keine Fahrzeuge herannahen und in der Strassenmitte genug Platz für unser Fahrzeug vorhanden ist, kann man in der Mitte der Strasse warten, bis das Fahrzeug A vorbeigefahren ist.

Lückenausnutzung bei mehrspurigen Strassen (2)

Verkehrszeichen «Halt! Vorfahrt gewähren»

Beim Anhalten am Verkehrszeichen «Halt! Vorfahrt gewähren» muss man nicht über alle Gänge zurückschalten. Man kann kurz vor dem Anhalten Gänge überspringen und direkt den ersten Gang schalten. Man sollte aber darauf achten, dass man nicht zuerst anhält und erst dann den ersten Gang schaltet. Wenn man den ersten Gang eingelegt hat, bevor das Fahrzeug steht, ist man nach einem kurzen Stop sofort für die Weiterfahrt bereit. Man sollte mit der Stossstange an der Haltelinie anhalten.

Beim Herannahen an ein Verkehrszeichen «Halt! Vorfahrt gewähren» sollte man sich unbedingt darauf konzentrieren, dass man das Fahrzeug zum Stehen bringt.

Häufiger Fehler: Das Fahrzeug wird nicht ganz zum Stehen gebracht. Man nennt dies Rollstop. Der Rollstop passiert v.a. beim Rechtsabbiegen.

Wenn die Übersicht ungenügend ist, muss man sich nach dem Anhalten ganz langsam in die Kreuzung vortasten.

Verkehrszeichen «Vorfahrt gewähren»

Im Gegensatz zum Verkehrszeichen «Halt! Vorfahrt gewähren» muss man am Verkehrszeichen «Vorfahrt gewähren» nicht anhalten, wenn es die Verkehrsverhältnisse erlauben.

Man muss früh mit dem Beobachten beginnen, um die Übersicht nach links und rechts abschätzen zu können. Die Geschwindigkeit muss der Übersicht angepasst werden. Bei genügend Übersicht ist der 2. Gang am besten, bei schlechter Übersicht, kurz vor der Verzweigung, ist der 1. Gang zu schalten. So ist man auf sofortiges Weiterfahren vorbereitet. Wenn keine anderen Verkehrsteilnehmer behindert werden, ohne Halt durchfahren.

Häufiger Fehler: Die meisten Fahrschüler fahren zu schnell auf eine Verzweigung zu und beobachten den Verkehr auf der vorfahrtsberechtigten Strasse zu spät, haben deshalb zu wenig Zeit, um richtig zu reagieren. So besteht die Gefahr, andere Verkehrsteilnehmer zu behindern und zum Bremsen zu zwingen. Ein weiterer Fehler ist das unnötige Anhalten, wenn keine vorfahrtsberechtigten Fahrzeuge herannahen.

Lichtzeichen

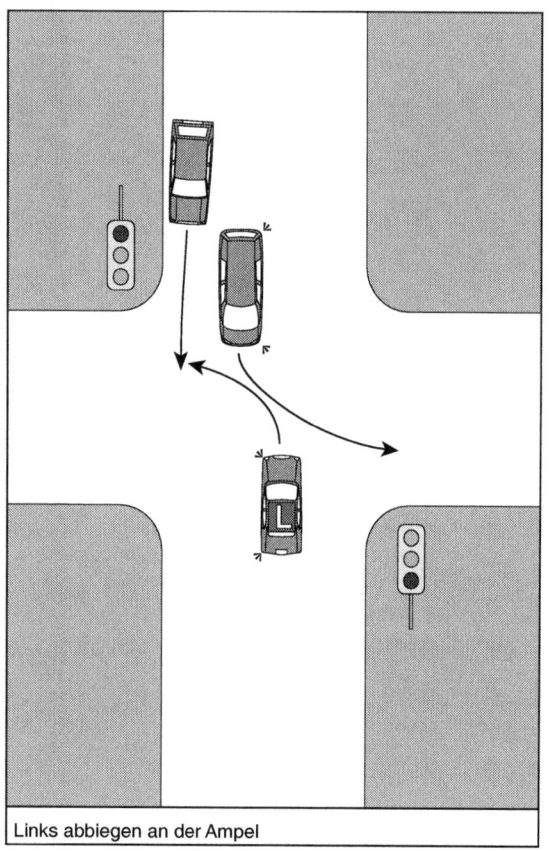
Links abbiegen an der Ampel

Wenn die Ampel von Grün auf Gelb gewechselt, bedeutet dies: Halt für Fahrzeuge, die noch vor der Kreuzung anhalten können. Dieser Anhalteweg hängt von der Geschwindigkeit ab.

Häufiger Fehler: Bei niedriger Geschwindigkeit im Kolonnenverkehr beachtet der Fahrschüler die Ampel zu wenig lang. Es wird Gelb, der Fahrschüler sieht das nicht, weil er zu sehr das vordere Fahrzeug fixiert.

Beim Abbiegen können die **Fussgänger auf der Querstrasse** und auch der **Gegenverkehr** Grün und damit Vorfahrt haben. Ob die Fussgänger und der Gegenverkehr Grün haben, hängt von der Lichtverkehrszeichenregelung ab, aber in der Regel muss man mit deren Grün rechnen.

Beim Linksabbiegen hat der Gegenverkehr meistens Grün und damit Vorfahrt. Falls der Gegenverkehr beim Linksabbiegen auch Grün hat, fährt man in die Kreuzung hinein und hält kurz vor der Mitte der Querstrasse an und wartet dort auf eine Lücke.

Häufiger Fehler: Der Fahrschüler will links abbiegen und das erste Fahrzeug des Gegenverkehrs biegt auch links ab. Die dahinter nachfolgenden Fahrzeuge haben Vorfahrt, werden aber zu wenig beachtet.(Siehe abbildung)

Viele Fahrschüler verwirrt an der Ampel das Verkehrszeichen «Vorfahrt gewähren» oder «Halt! Vorfahrt gewähren» und die dazugehörende Bodenmarkierung. Manche fahren trotz Grün ganz vorsichtig in die Kreuzung hinein, weil sie glauben, sie hätten wegen dieser Verkehrszeichen gar kein richtiges Grün. Wenn das Lichtverkehrszeichen eingeschaltet ist, haben die Verkehrszeichen «Vorfahrt gewähren» oder «Halt! Vorfahrt gewähren» keine Bedeutung. Nur wenn das Lichtverkehrszeichen ausser Betrieb ist (gelbes Licht blinkt), gelten diese Verkehrszeichen.

Der grüne Pfeil vor der Kreuzung gibt den Verkehr in Richtung des Pfeiles frei. Ist rechts neben dem roten Licht ein Schild mit einem grünen Pfeil angebracht, darf man bei Rot aus dem rechten Fahrstreifen nach rechts abbiegen.

Es gibt Ampeln, die selten einschalten, z.B. nur dann wenn ein Bus aus der Querstrasse einbiegt. Diese Ampeln sind besonders gefährlich, weil sie während der ganzen Fahrausbildung nie eingeschaltet sind, aber ausgerechnet an der Prüfung ...

Wenn man auf ein Rotlicht zufährt, und es stehen keine oder nur wenige Fahrzeuge am Rotlicht, sollte man immer der Geschwindigkeit entsprechend durch alle Gänge zurückschalten. Wenn es plötzlich Grün wird, hat man so schon den richtigen Gang eingelegt und kann ohne Verzögerung weiterfahren.

Beobachten Querstrassen

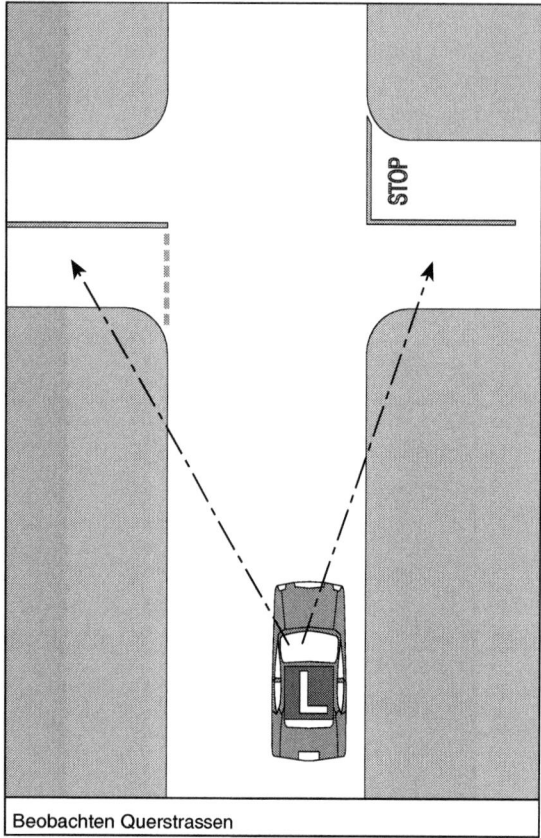

Beobachten Querstrassen

Wenn man auf vorfahrtsberechtigten Strassen fährt, muss man die Querstrassen, die mit «Vorfahrt gewähren» oder «Halt! Vorfahrt gewähren» versehen sind kurz beobachten, für den Fall, dass sich ein Verkehrsteilnehmer ohne Vorfahrt falsch verhält. Der Zeitpunkt des Beobachtens richtet sich nach der Geschwindigkeit. Je schneller man fährt, um so früher muss man beobachten. Bei Innerortsgeschwindigkeiten muss man etwa 15 - 20 m vorher einen Blick in die Querstrasse(n) werfen, was der Anhaltestrecke entspricht.

Wenn die Hauptstrasse die Richtung ändert und wir auf der Hauptstrasse bleiben, so müssen wir ebenfalls die nicht vorfahrtsberechtigten Nebenstrassen beobachten.

Auf einer Kreuzung mit einer Ampel, welche Grün zeigt, muss man die Querstrassen ebenfalls beobachten. Es kommt immer wieder vor, dass jemand bei Rot fährt oder dass die Polizei, Feuerwehr oder ein Krankenwagen mit Blaulicht bei Rot durchfährt.

Vorausschauende Fahrweise (1)

Halten Sie dieses Buch etwa 30 cm vor den Augen. Fixieren Sie jetzt mit den Augen den Titel «Vorausschauende Fahrweise» und probieren Sie gleichzeitig diesen Text zu lesen. Vielleicht schaffen Sie es die erste Zeile dieses Textes scharf zu sehen, aber dann wird es schwierig. Diese biologische Eigenschaft des Auges wird dem Fahrschüler oft zum Verhängnis. Obwohl er gesunde Augen hat, sieht er viele Verkehrsbegebenheiten nicht, weil er seine Augen falsch einsetzt. Die manuelle Beherrschung des Autos reicht noch nicht aus, um ein guter Autofahrer zu sein. Man muss sich eine bestimmte Art des Verkehrsbeobachtens aneignen. Aus einem Sehfehler entsteht oft ein Fahrfehler.

Der Anfänger ist ein «Geradeaus-zunahe-Motorhaube-Asphaltschauer» und das macht ihn blind für den Strassenverkehr. Sein Blick geht zu wenig weit in die Ferne. Am Anfang interessiert ihn nur die Motorhaube und einige Meter Strasse davor. Den Strassenverkehr kann man nur bewältigen, wenn man aktiv nach Gefahren sucht. Der schmale Sehkanal des Scharfsehens sollte die Gegend nach Gefahren absuchen. Innerorts sollte man 40 m, ausserorts ca 70 m, auf Autobahnen ca 100 m vorausschauen. Man sollte aber unbedingt immer wieder noch weiter nach vorne schauen und den Blick wieder zurücknehmen. Die Augen sollten frei sein, der Blick sollte unverkrampft durch den Verkehrsraum gleiten. Nur so erkennt man früh genug verkehrsbedeutende Situationen.

Vorausschauende Fahrweise (2)

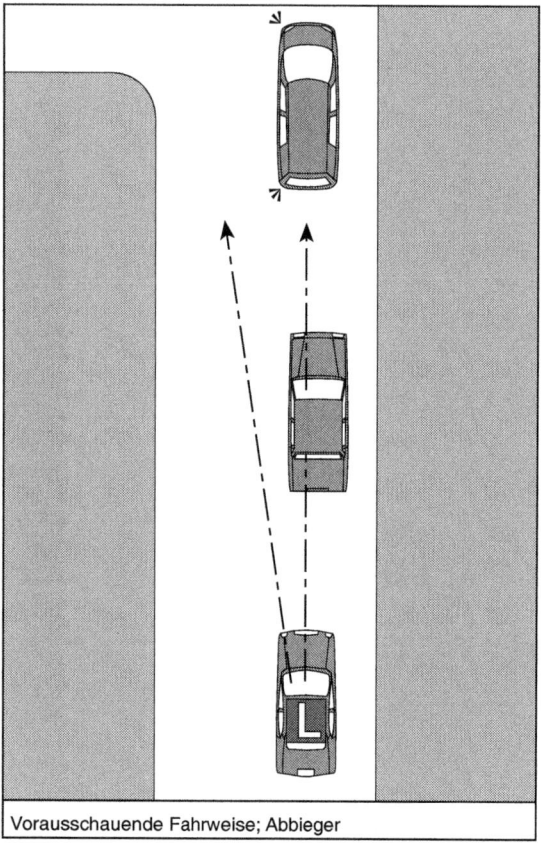

Vorausschauende Fahrweise; Abbieger

Man sollte bei Kolonnenverkehr durch das vordere Fahrzeug oder auch an diesem vorbei schauen, um früh zu erkennen, was weiter vorne geschieht. Wenn das übernächste Fahrzeug bremst oder abbiegt, erkennt man dies frühzeitig. Viele Auffahrunfälle haben ihre Ursache in mangelnder Voraussicht.

Vorausschauende Fahrweise (3)

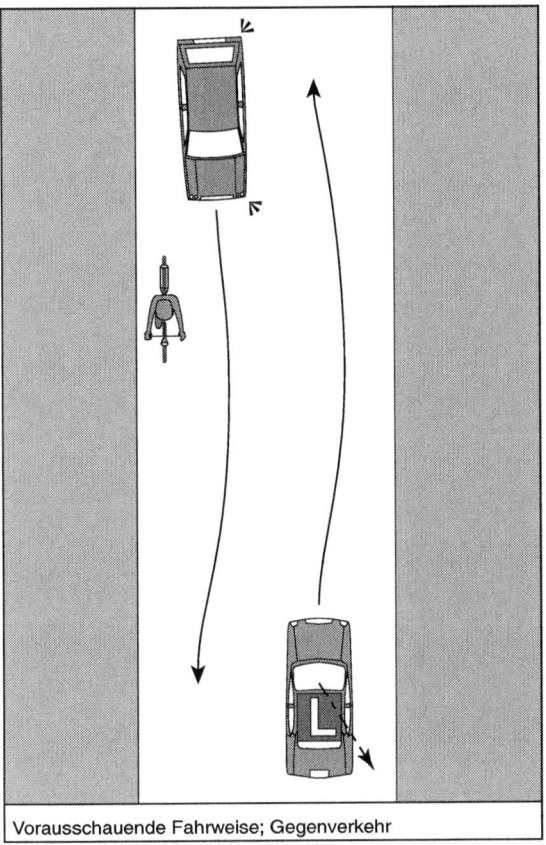

Vorausschauende Fahrweise; Gegenverkehr

In dieser Situation zeigt sich das Verständnis für das Verkehrsgeschehen. Das entgegenkommende Fahrzeug möchte den Radfahrer überholen, die Strasse ist aber nicht sehr breit. Der erfahrene Lenker erkennt die Verkehrssituation, beobachtet kurz den Verkehrsraum rechts hinten und fährt stark rechts, um dem Entgegenkommenden Fahrzeug das Überholen zu ermöglichen. Der Anfänger kümmert sich nur um sein eigenes Auto und die Strasse, auf der er fährt.

Vorausschauende Fahrweise (4)

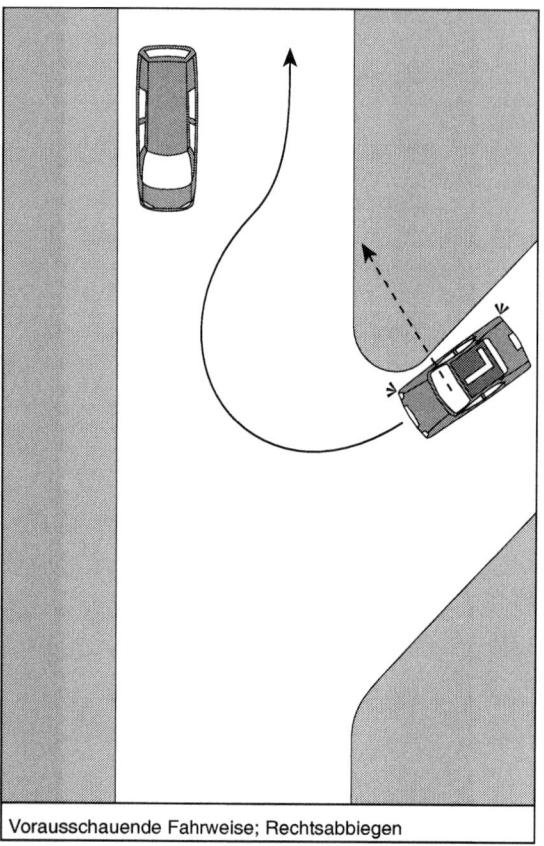

Vorausschauende Fahrweise; Rechtsabbiegen

Manchmal sind die Strassen so angelegt, dass man beim Abbiegen den Verkehrsraum des Gegenverkehrs beansprucht. In dieser Verkehrssituation schauen die meisten Fahrschüler nicht früh genug weit nach rechts, um zu erkennen, ob von dort Fahrzeuge herannahen. Wenn der Fahrschüler sieht, dass von links keine Gefahr droht, fährt er einfach los Die Augen fixieren die Strasse vor der Motorhaube, und er ist ganz erstaunt, dass ihm ein anderes Fahrzeug entgegenkommt.

Wegweiser

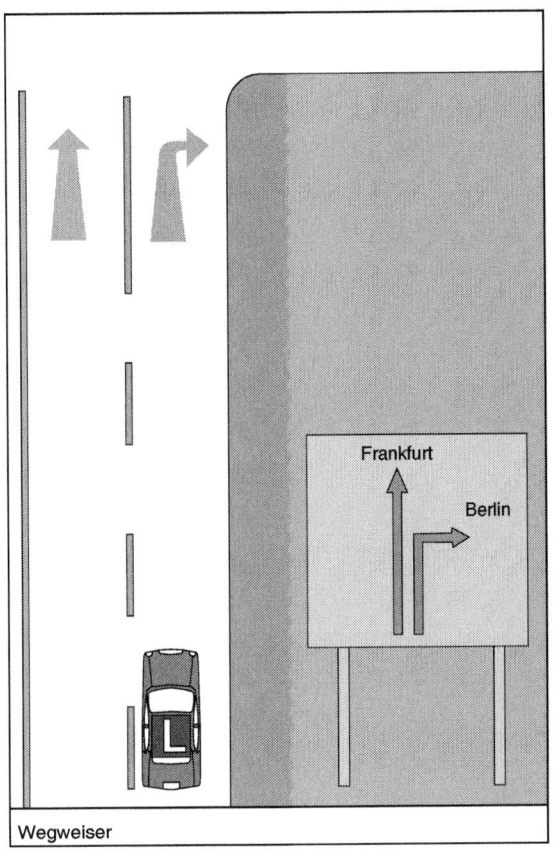

Wegweiser

An der Prüfung muss man mit Hilfe von Wegweisern fahren können. Viele Wegweiser stehen hoch über der Strasse. Weil der Fahrschüler die Tendenz hat, die Strasse vor dem Auto anzuschauen, sieht er die Wegweiser viel zu spät.

Häufiger Fehler: Je höher der Wegweiser steht, umso eher wird er übersehen.

Die Vorwegweiser helfen bei der Planung. Dieser Vorwegweiser wird oft falsch interpretiert. Die Fahrschüler merken zwar, dass man nach «Frankfurt» geradeaus fahren muss, aber dass man das nicht im rechten Fahrstreifen tun kann, weil diese nach «Berlin» führt, merken sie nicht. Für jeden Fahrstreifen wird ein selbständiger Pfeil aufgeführt.

Querstrassen nicht versperren

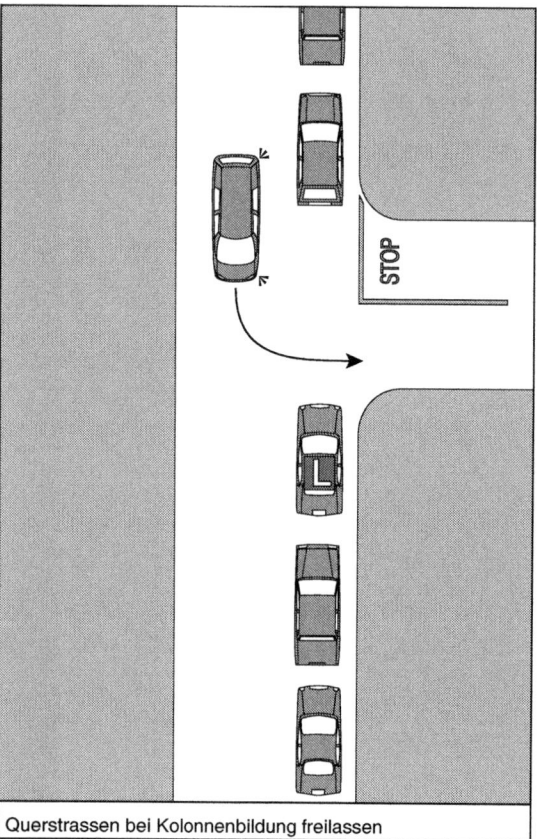

Querstrassen bei Kolonnenbildung freilassen

Falls sich eine Kolonne bildet, sollte man darauf achten, die Querstrassen freizuhalten. Die Abbieger in die Querstrasse oder Fahrzeuge, die auf dieser Strasse herausfahren, sind für die Lücke dankbar.

Kurventechnik; Rechtskurve

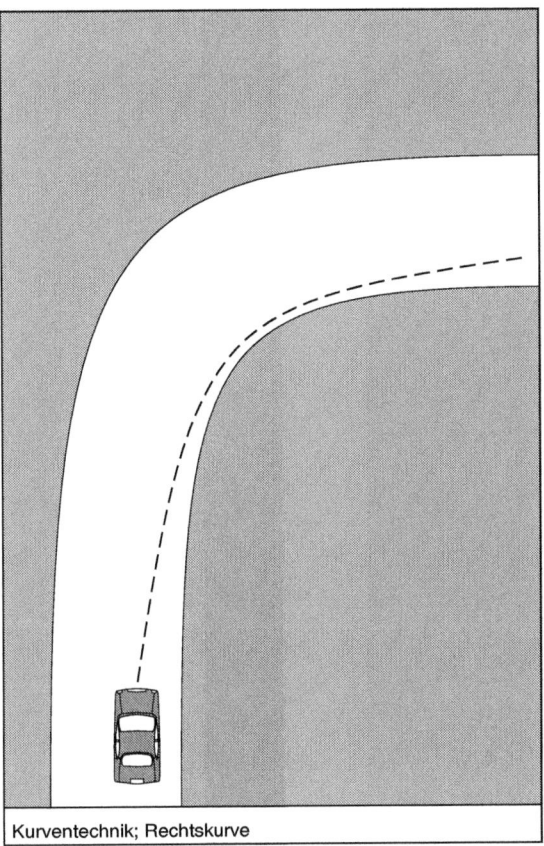

Kurventechnik; Rechtskurve

In einer Rechtskurve sollte man am rechten Strassenrand entlangfahren. Für die korrekte Fahrspur ist das richtige Beobachten massgebend.

Häufiger Fehler: In der Rechtskurve lässt sich der Fahrschüler gegen die Strassenmitte abtreiben.

Kurventechnik; Linkskurve

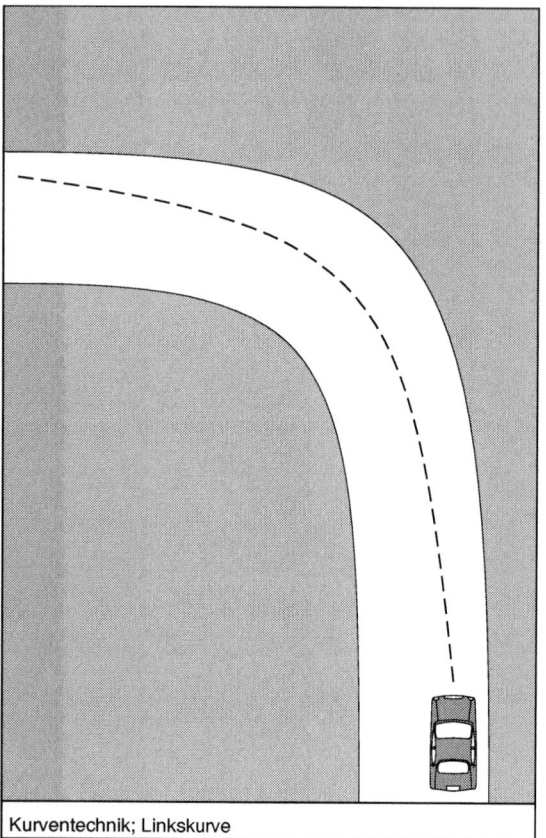

Kurventechnik; Linkskurve

In einer Linkskurve sollte man in die Strassenmitte fahren und sich nicht an den Strassenrand treiben lassen. Man sollte der Leitlinie entlang beobachten. Die richtige Blicktechnik verhilft zur richtigen Kurventechnik.

Fussgängerüberweg

Fussgängern muss die Vorfahrt gewährt werden, falls sie sich auf einem Fussgängerüberweg befinden oder ersichtlich die Fahrbahn überqueren wollen.

Das Gefahrenverkehrszeichen «Fussgängerüberweg» (rotes Dreieck) kündigt Fussgängerüberwege an, die der Fahrer nicht rechtzeitig erkennen kann, oder Fussgängerüberwege auf dicht und schnell befahrenen Strassen.

Das Hinweisverkehrszeichen «Standort eines Fussgängerüberwegs» (blaues Rechteck, darin ein weisses Dreieck mit einem Fussgänger) steht unmittelbar beim Fussgängerüberweg. Das Verkehrszeichen steht an Fussgängerüberwegen ausserorts und an schlecht erkennbaren Fussgängerüberwegen innerorts. Diese beiden Verkehrszeichen helfen, den Fussgängerüberweg zu erkennen.

Beim Herannahen an einen Fussgängerüberweg muss man beide Strassenseiten nach Fussgängern absuchen. Wenn sich ein Fussgänger einem Fussgängerüberweg nähert, muss man damit rechnen, dass er unvermittelt anhält und die Strasse überqueren möchte. Der Fahranfänger schaut stattdessen vor das Auto, und erst wenn der Fussgänger in seinem Blickfeld ist, sieht er diesen. Die schlechte Blicktechnik führt dazu, dass der Fahrschüler von den Fussgängern überrascht wird.

Fussgängerüberweg bei Kolonnenbildung

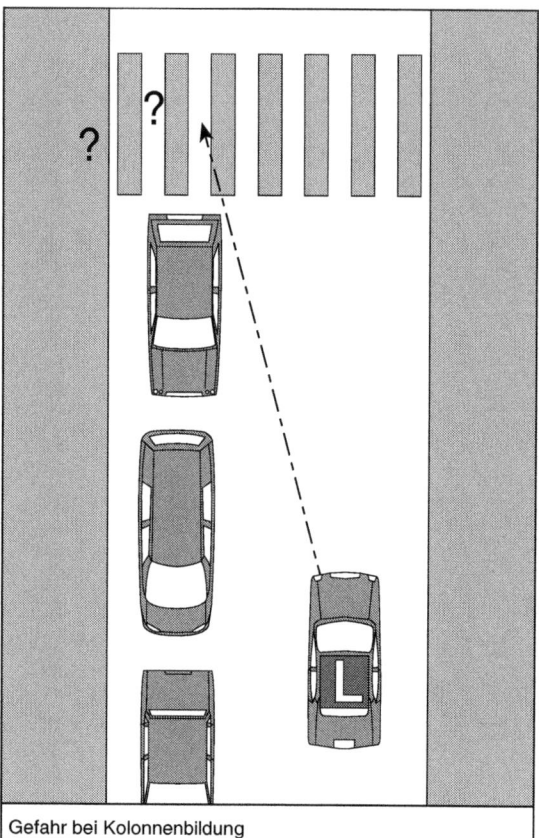

Gefahr bei Kolonnenbildung

Wenn sich im Gegenverkehr eine Kolonne gebildet hat, muss man besonders vorsichtig fahren. Der linke Teil des Fussgängerüberwegs ist nicht überblickbar. Man muss das Tempo mässigen und Bremsbereitschaft erstellen.

Stehen auf Fussgängerüberweg (1)

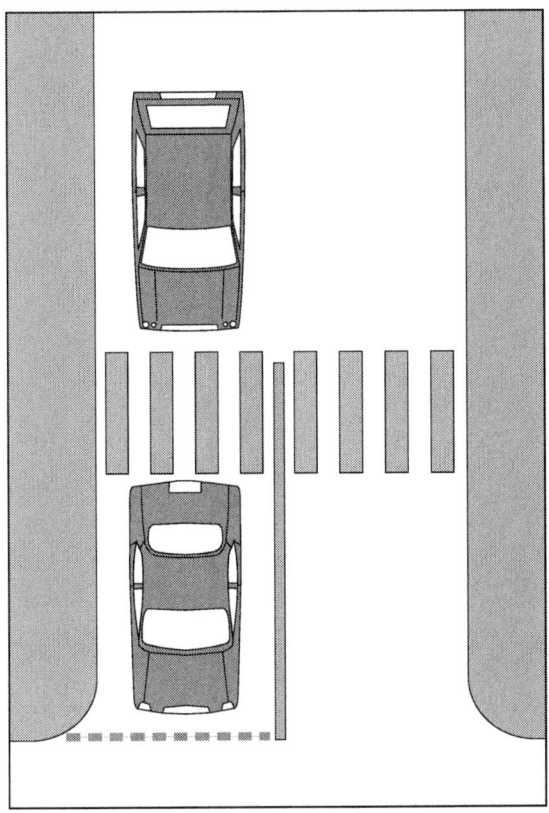

Nicht auf Fussgängerüberweg stehen

Wenn die Wartelinie und der Fussgängerüberweg weit auseinander liegen, fährt man in diese Lücke. Das zweite Fahrzeug muss hinter dem Fussgängerüberweg anhalten.

Stehen auf Fussgängerüberweg (2)

In der Abbildung sind die Wartelinie und der Fussgängerüberweg nahe beieinander. Wenn der Autofahrer hinter dem Fussgängerüberweg warten würde, hätte er kein Übersicht auf die Kreuzung. Falls keine Fussgänger herannahen, darf der Autofahrer auf den Fussgängerüberweg fahren und hier auf freie Fahrt warten.

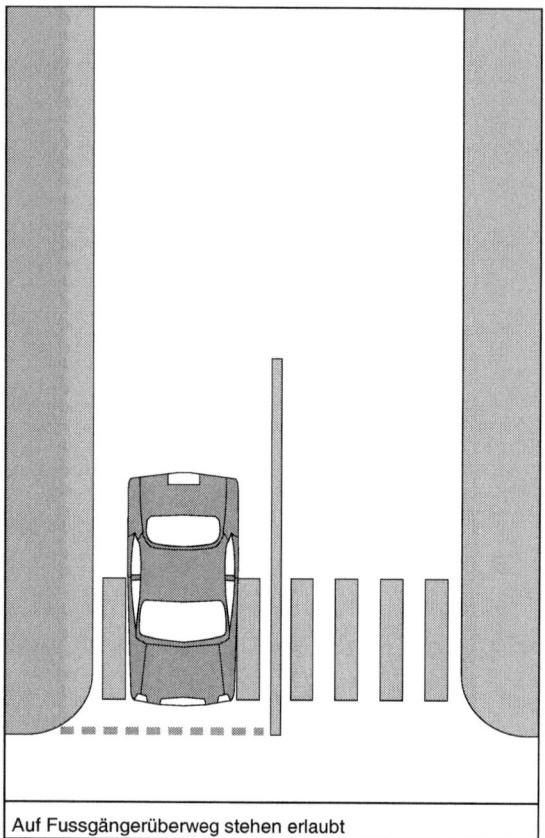

Auf Fussgängerüberweg stehen erlaubt

Geschwindigkeit und Abstand

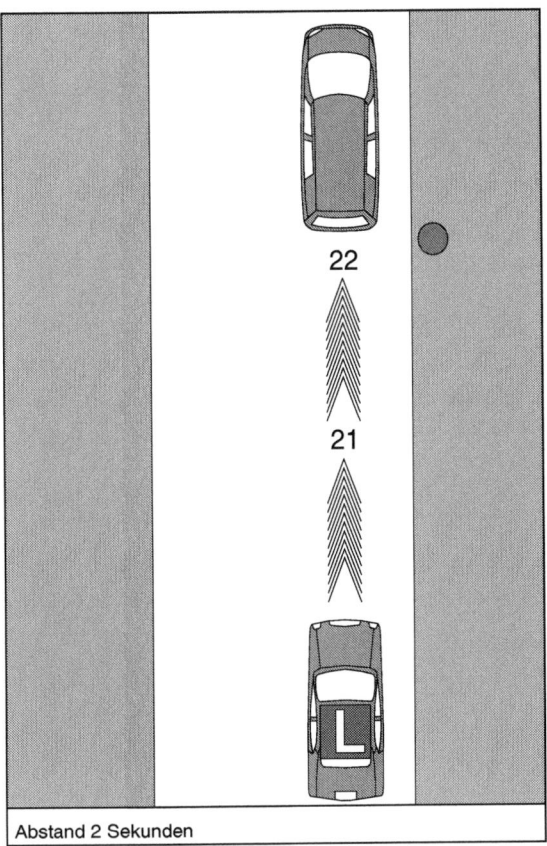

Abstand 2 Sekunden

Neben dem Beachten der Geschwindigkeitsverkehrszeichen sollte man nach der Regel fahren:

Die Geschwindigkeit ist den Umständen anzupassen

Die Geschwindigkeitsverkehrszeichen schreiben nur die Höchstgeschwindigkeit bei **günstigen** Strassen-, Verkehrs- und Sichtverhältnissen vor. Bei Nebel, Schneefall oder wenn Kinder am Strassenrand spielen, muss man die Geschwindigkeit der jeweiligen Situation anpassen.

Am Anfang einer geschlossenen Ortschaft gilt die Geschwindigkeitsbeschränkung von 50 km/h. Am Ende der Ortschaft gilt die Höchstgeschwindigkeit von 100 km/h.

Verkehrszeichen sind oft schwer zu erkennen. Man muss diese bewusst suchen und sich nicht darauf verlassen, dass sie einem schon irgendwie von allein auffallen.

Eine häufige Frage der Fahrschüler ist: «Wie schnell kann man hier fahren.?» Als Faustregel kann man sich merken: Wenn links oder rechts Häuser stehen, fährt man 50 km/h, wenn links und rechts Wiese, Wald etc. ist und dichte Überbauung auf weiter Strecke fehlt, dann fährt man 100 km/h.

Die Geschwindigkeit gilt ab dem Standort des Verkehrszeichens.

Wenn man mit 100 km/h auf eine Ortstafel zufährt, muss man rechtzeitig verlangsamen, damit man auf der Höhe des Verkehrszeichens die vorgeschriebene Geschwindigkeit hat.

Man darf erst am Ende der Ortschaft beschleunigen.

Immer häufiger werden ganze Ortsteile mit einer Zonenverkehrszeichenisation (z. B. 30 km/h) versehen. Die Verkehrszeichen gelten für die ganze Zone bis zum entsprechenden Ende-Verkehrszeichen.

Zu jeder Geschwindigkeit gibt es einen minimalen Sicherheitsabstand zum vorderen Fahrzeug. Anstatt diesen in Metern auszudrücken, kann man die 2-Sekunden Regel anwenden. Man merkt sich eine Bodenmarkierung, einen Gegenstand am Strassenrand oder den Schatten einer Brücke. Mit dem Zählen beginnt man, wenn das vorausfahrende Fahrzeug dort vorbeifährt. Man sollte mindestens 21, 22 sagen können, bis man an der betreffenden Stelle ankommt.

Autobahn

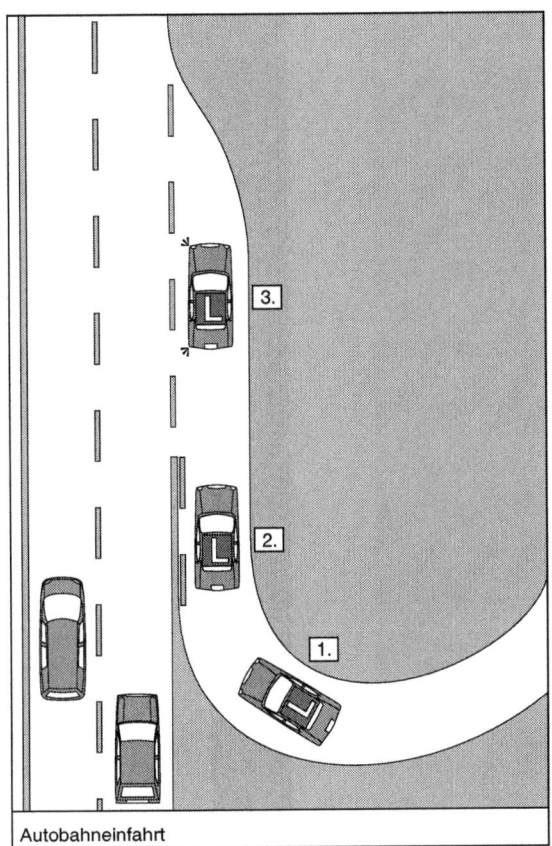

Autobahneinfahrt

Einfahrt

Im Normalfall beträgt die Geschwindigkeit im Bogen vor dem Beschleunigungsstreifen 50 – 60 km/h. Um eine gute Beschleunigung zu erzielen, fährt man am besten im 3. Gang. Schon vor dem Ende des Bogens (bei Punkt 1 in der Abbildung) sollte man mit dem Beschleunigen beginnen. Wenn man zu spät und nur zögerlich beschleunigt, fährt man mit nur 70 km/h in die Autobahn ein und zwingt nachfolgende Fahrzeuge zum Bremsen oder Überholen.

Häufiger Fehler: Die meisten Fahrschüler trauen sich nicht, Vollgas zu geben, um eine gute Beschleunigung zu erzielen. Es dauert meist eine Ewigkeit, bis sie die nötige Geschwindigkeit zum einfädeln erreicht haben.

Ein erster kurzer Kontrollblick nach links bei Punkt 1 verschaff den Überblick was so auf der Autobahn läuft. Vorsicht: Zu langes Beobachten während sich das Auto noch im Bogen befindet, führt dazu, dass man die Spur verliert. Am Ausgang des Bogens beginnt man mit der Beschleunigung. Bei der Einfahrt ist das Hauptproblem **hinten** und nicht vorne, wie sonst im Verkehr. Man muss **bewusst** eine Lücke suchen, z. B. «nach dem roten Auto kann ich einfahren» und nicht «einfach so» einfahren wollen. Manchmal muss man wieder Gas wegnehmen, weil sich die geeignete Lücke weiter hinten befindet. Bei der Einfahrt haben die Fahrzeuge auf der Autobahn Vorfahrt.

Häufiger Fehler: Die Fahrschüler schauen zu spät nach hinten und geraten deshalb am Ende des Beschleunigungsstreifens in Zeitnot.

Wenn die Lücke genügend gross ist, Blinker setzen und auf die Autobahn einfahren. Einfahren mit feiner, kaum sichtbarer Lenkbewegung. Eine grosse und schnelle Lenkbewegung verursacht unangenehme Schwenker. Nach der Einfahrt, Blinker sofort ausschalten. Weiterbeschleunigen und in den 4. und 5. Gang schalten.

Fahren auf der Autobahn

Bei guten Verhältnissen sollte man mit 130 km/h oder mit der angegebenen Höchstgeschwindigkeit fahren. Bei Regen, Schnee, schlechter Sichtweite muss man die Geschwindigkeit den Umständen anpassen.

Man muss zum Fahren den rechten Fahrstreifen benützen, ausser zum Überholen oder bei dichtem Kolonnenverkehr.

Man sollte in der Mitte des Fahrstreifens fahren.

Der Abstand zum vorderen Fahrzeug sollte mindestens 2 Sekunden betragen.

Immer wieder Rückspiegel beobachten.

An der Prüfung **muss** man langsame Fahrzeuge überholen, wenn es das Verkehrsaufkommen erlaubt. Die Fahrschüler würden am liebsten hinter einem langsamen Fahrzeug hinterherfahren.

Häufiger Fehler: Die Fahrschüler haben grosse Mühe, die Autobahnrichtgeschwindigkeit zu halten.

Beim Überholen schaut man zuerst in den Innenspiegel, dann linken Aussenspiegel und Seitenblick links. Falls die Spur frei ist, Blinker betätigen und überholen. Blinker sofort nach dem Wechsel des Streifens zurückstellen. Mit Wiedereinbiegen warten, bis das überholte Fahrzeug im Innenspiegel sichtbar ist. Vor dem Wiedereinbiegen Seitenblick nach rechts und Blinker rechts betätigen.

Ausfahrt

Ausfahrten werden mit Verkehrszeichen angezeigt, die meistens 1000 m und 500 m vor Beginn des Verzögerungsstreifens stehen. 1000 m vor der Ausfahrt keine Überholmanöver mehr machen, ausser es handelt sich um sehr langsame Fahrzeuge. Etwa 250 m vor der Ausfahrt den Blinker betätigen. Blaue Baken beachten, die im Abstand 300 m, 200 m und 100 m vor der Ausfahrt stehen.

Vor der Ausfahrt sollte man die Geschwindigkeit nur wenn nötig reduzieren. Wenn man zu sehr verlangsamt, müssen die nachfolgenden Fahrzeuge bremsen oder überholen. Die Autobahn sollte man am Anfang des Verzögerungsstreifens verlassen. Den Blinker sofort zurückstellen. Erst auf dem Verzögerungsstreifen bremsen und zurückschalten. Wegen der Angewöhnung an das hohe Autobahntempo besteht die Gefahr, dass man die Ausfahrtsgeschwindigkeit falsch einschätzt. Ein kurzer Blick auf den Tacho ist deshalb erforderlich.

Wenden mit Wendeplatz

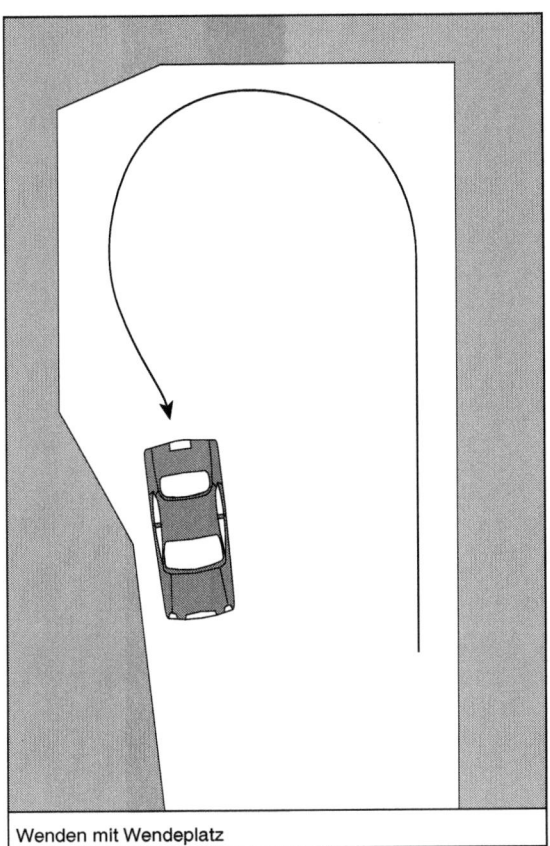

Wenden mit Wendeplatz

Wenden heisst zurückfahren. Im Laufe der Fahrausbildung bekommt man ein Auge dafür, welche Wendemethode wo am geeignetsten ist. Die wichtigsten Grundregeln sind, niemanden zu behindern und gut zu beobachten.

Wenn genügend Platz vorhanden ist und niemand behindert wird, kann man in Vorwärtsfahrt wenden.

Bevor man die Schleife nach links macht, sollte man den Innenspiegel, linken Aussenspiegel, nach links hinten schauen, den linken Blinker stellen und, falls keine Fahrzeuge herannahen, zügig weiterfahren.

Diese Wendemethode sollte man nicht über Kreuzungen machen.

Wenden unter Zuhilfenahme einer Kreuzung oder Einmündung

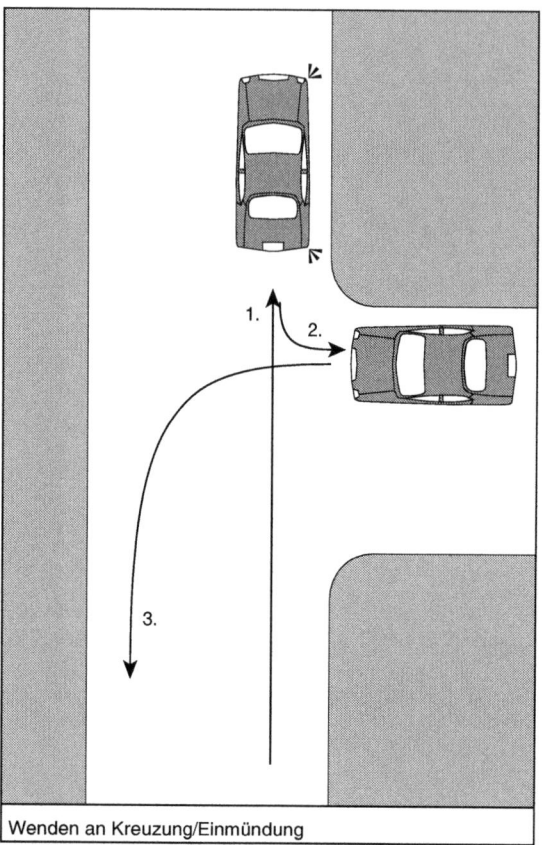

Wenden an Kreuzung/Einmündung

Falls eine Einfahrt oder eine Querstrasse auf der rechten Strassenseite zur Verfügung stehen, sollten diese zum Wenden benützt werden. An der Einfahrt oder Querstrasse muss man vorbeifahren und erst dort rechts anhalten. Dabei Beobachten und Blinken nicht vergessen. Der Blinker bleibt während der Rückwärtsfahrt nach rechts gestellt. Beim Rückwärtsfahren darauf achten, dass das Auto am rechten Strassenrand zu stehen kommt. So weit zurückfahren, dass man den Verkehr auf der Strasse nicht mehr behindert. Vor der Wegfahrt nach links Beobachten und den linken Blinker stellen.

Dieses Manöver kann man nur in ruhigen Quartierstrassen ausführen. Falls man den Befehl «Bitte wenden!» auf einer verkehrsreichen Strasse bekommt, fährt man in eine verkehrsarme Seitenstrasse und wendet dort.

Parken rechtwinklig vorwärts

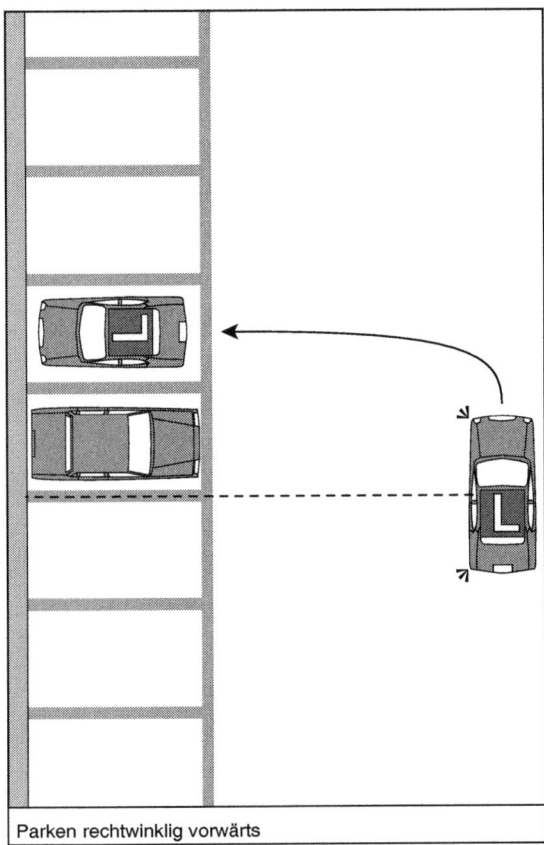

Parken rechtwinklig vorwärts

Beobachten und Blinker noch während der Fahrt betätigen. Langsam fahren.

Grossen seitlichen Abstand zu den Parkfeldern einhalten.

Wenn die Seitenlinie des vorherigen Parkfeldes auf unserer Schulterhöhe ist, mit Lenken beginnen.

In die Mitte des freien Parkfeldes beobachten. Fahrzeuge links und rechts kurz anschauen, aber nicht fixieren.

Das Fahrzeug muss innerhalb des Parkfeldes und parallel zur Markierung stehen.

Falls der Wagen nicht schön im Parkfeld steht, hat man eine Korrekturmöglichkeit. Unter Beobachtung des Verkehrs geradeaus rückwärts fahren und noch nicht korrigieren. In Vorwärtsfahrt mit 3 Lenkbewegungen korrigieren: Zuerst in Richtung der Korrektur lenken, dann das Auto parallel zu den Linien stellen, anschliessend Räder gerade stellen und ins Parkfeld fahren.

Falls man das Parkfeld zwecks Weiterfahrt verlässt und dabei am Lenkrad dreht, muss man den Blinker auf die Seite stellen, auf die sich das Auto zubewegt.

Parken rechtwinklig rückwärts

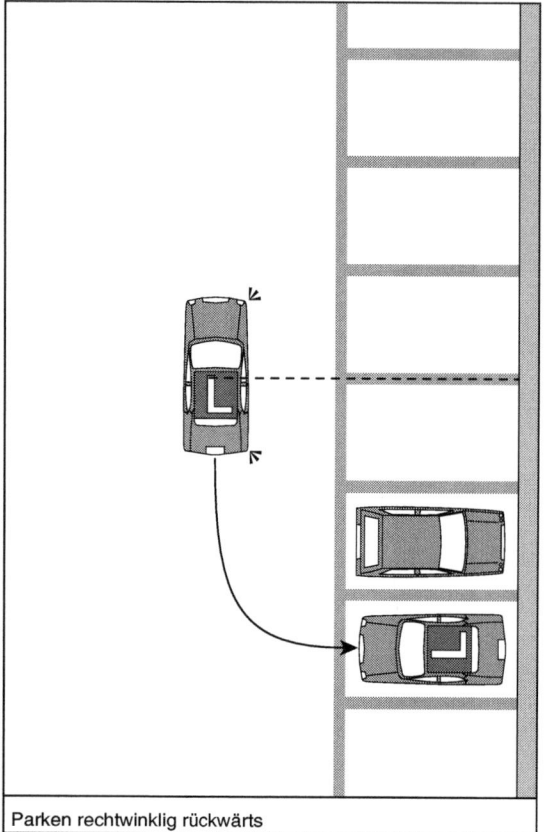

Parken rechtwinklig rückwärts

Das richtige Parken beginnt schon mit der richtigen Positionierung des Fahrzeuges. Beobachten und Blinker noch während der Fahrt betätigen. Etwa 2 m seitlichen Abstand zu den Parkfeldern einhalten. Man sollte auf Schulterhöhe auf der zweiten Linie nach der gewählten Parklücke anhalten.

Häufiger Fehler: Das Herannahen an die richtige Parkposition beschäftigt den Fahrschüler so sehr, dass er regelmässig das Beobachten nach hinten und den Blinker vergisst.

Nach der richtigen Positionierung den Rückwärtsgang einlegen und den Verkehrsraum nach vorne und hinten beobachten. Richtige Sitzposition: Abdrehen gegen Fahrzeugmitte. Während der Rückwärtsfahrt immer wieder rundum beobachten, da man andere Verkehrsteilnehmer nicht behindern darf.

Beim Hinausfahren aus dem Parkfeld zwecks Weiterfahrt, muss man den Blinker stellen.

Parken rechtwinklig rückwärts; Korrektur

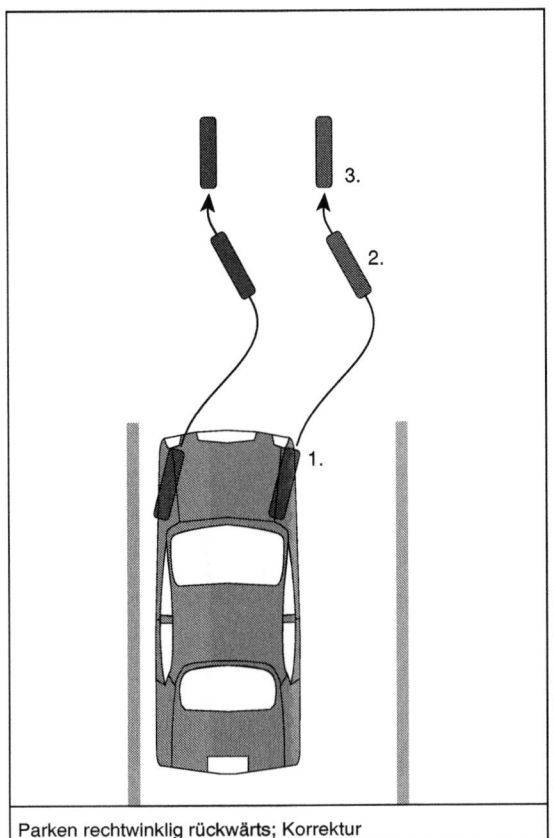

Parken rechtwinklig rückwärts; Korrektur

Falls der Wagen nicht schön im Parkfeld steht, hat man die Möglichkeit, zu korrigieren. Beim Korrigieren langsam fahren und viel lenken, damit man nicht zu weit aus dem Parkfeld fährt. Man sollte in Vorwärtsfahrt korrigieren, in Rückwärtsfahrt geradeaus fahren. Beim Korrigieren den Verkehr beobachten. Die Korrektur besteht aus 3 Lenkbewegungen.

Zuerst in die Richtung lenken und fahren, wohin man korrigieren will. Wenn das Auto zu weit links steht, beginnt man die Korrektur mit lenken nach rechts.

In die andere Richtung lenken und weiterfahren, bis das Auto parallel zu den Parkfeldlinien steht.

Mit der dritten und letzten Lenkbewegung stellt man die Räder gerade. Den Rückwärtsgang erst dann einlegen, wenn man sicher ist, dass das Auto parallel zu den Parkfeldlinien steht und die Räder geradegestellt sind. Ohne zu lenken ins Parkfeld zurückfahren.

Häufiger Fehler: Bei der Korrektur wird der Verkehr zuwenig beobachtet.

Parken rechtwinklig rückwärts; Korrektur «Blechschaden»

Wenn man beim Parken während des Rückwärtsfahrens zu schnell fährt oder zu wenig lenkt, kommt es zur in der Abbildung dargestellten Situation. Die Weiterfahrt führt zu einem Blechschaden. Man muss rechtzeitig anhalten und etwa einen Meter geradeaus fahren. An dieser Position wieder den Rückwärtsgang schalten, sofort mit dem Lenken beginnen und ins Parkfeld zurückfahren.

Parken rechtwinklig rückwärts; Korrektur "Blechschaden"

Parken seitwärts vorwärts

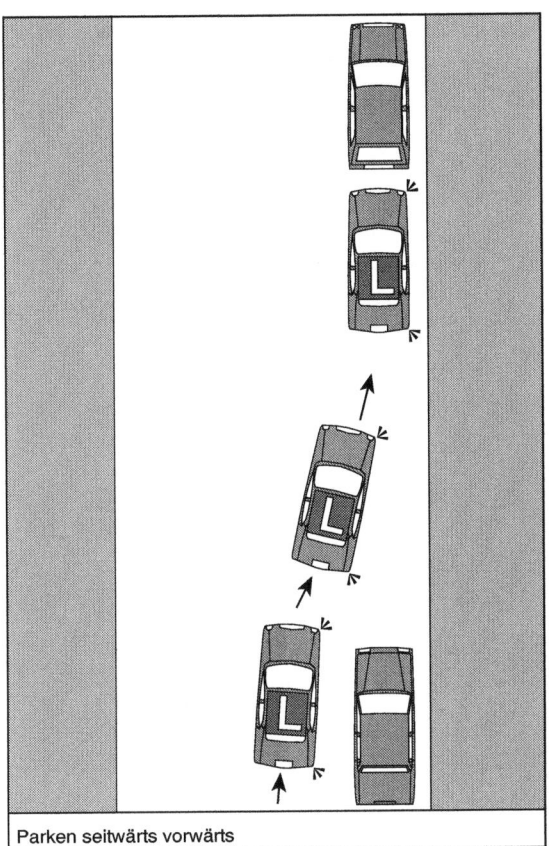

Parken seitwärts vorwärts

Dieses Manöver kann man selten ausführen, denn die Parklücke muss mindestens 3 Wagenlängen gross sein.

Beobachten und Blinker noch während der Fahrt betätigen. Sobald die Hinterachse das letzte parkierte Auto passiert hat, stark nach rechts lenken. Bevor die Vorderräder den Strassenrand berühren, Räder zurückdrehen und zum Strassenrand parallel stellen.

Der seitliche Abstand sollte 10 - 15 cm und der Abstand zum vorderen Fahrzeug etwa 1,5 m betragen. Wenn Parkfelder markiert sind, muss das Fahrzeug innerhalb eines Feldes und parallel zur Markierung stehen.

Parken seitwärts rückwärts (1)

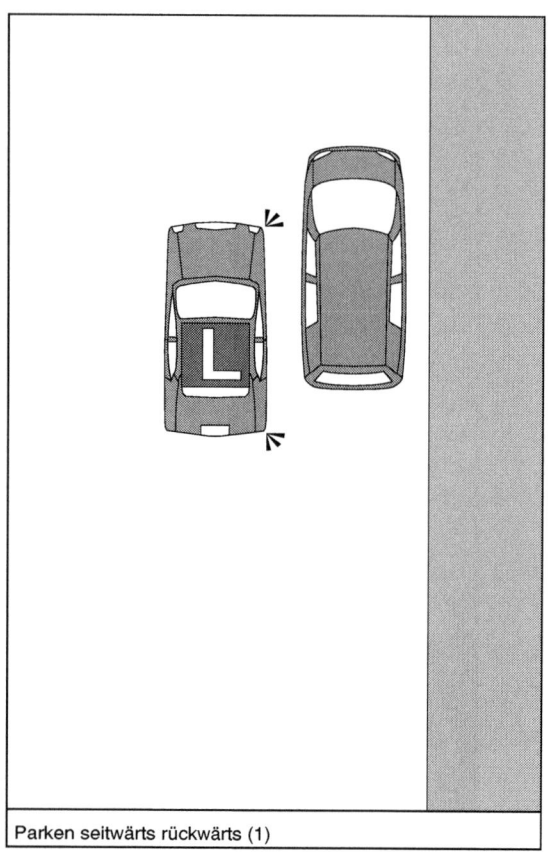

Beobachten nach hinten und Blinker noch während der Fahrt betätigen.

Parallel neben dem parkierten Fahrzeug anhalten. Der seitliche Abstand sollte etwa 0,5 m betragen. Am besten hält man dort an, wo die eigene Sitzlehne/Sitzfläche der Rücksitze (Hinterachse) auf der Höhe der Stossstange des parkierten Fahrzeugs ist.

Beobachten des Verkehrs nach vorne und hinten.

Parken seitwärts rückwärts (1)

Parken seitwärts rückwärts (2)

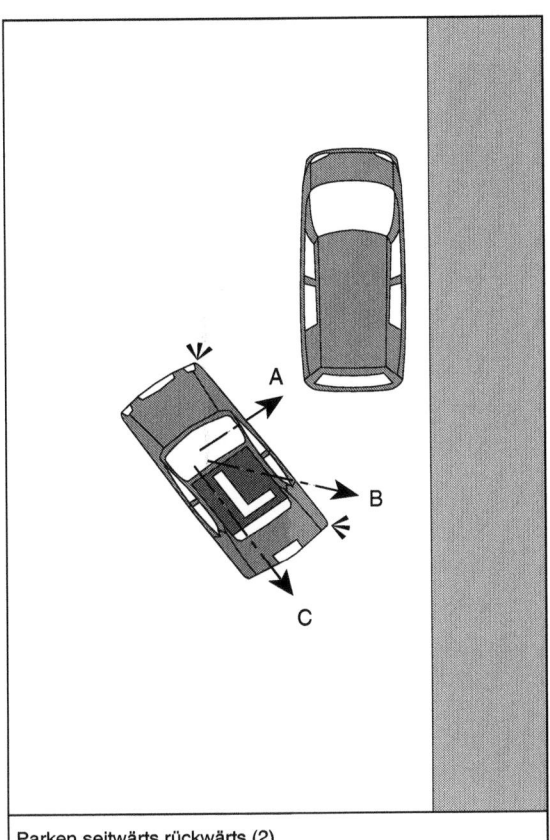

Aus der Grundposition beginnt man langsam rückwärts zu fahren und gleichzeitig das Lenkrad bis zum Anschlag zu drehen. Der Fahrschüler beobachtet während der Rückwärtsfahrt meistens das parkierte Auto (A) und den Strassenrand (B). Sehr wichtig ist auch die Beobachtung weit nach hinten (C). So behält man am besten die Orientierung über die Fahrtrichtung.

Wenn der Wagen ca. 40 - 45 o schräg steht, bis zum Anschlag in die andere Richtung drehen und weiterfahren.

Der ideale seitliche Abstand zum Strassenrand ist etwa 10 -15 cm (nicht mehr als 30 cm). Der Abstand zum vorderen Fahrzeug sollte etwa 1,5 m betragen.

Parken seitwärts rückwärts (2)

Parken seitwärts rückwärts; Korrektur «zu nah» (1)

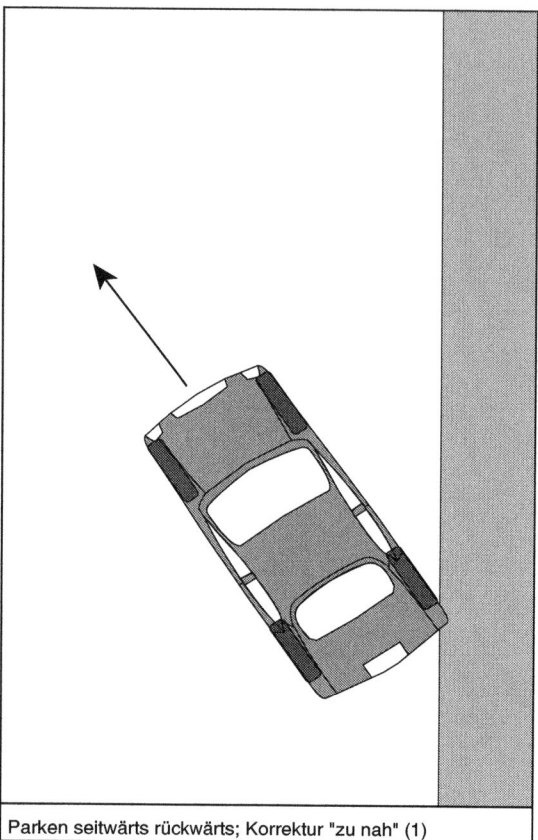

Parken seitwärts rückwärts; Korrektur "zu nah" (1)

Häufig ist man nicht auf Anhieb richtig im Parkfeld. Hier wird die Korrektur beschrieben, in welcher man die Bordsteinkante mit den Hinterrädern berührt. Dieser Fehler entsteht, weil der Einfahrtwinkel zu gross ist (mehr als 45°), oder weil in der zweite Phase das Lenkrad zuwenig gedreht wird. Es gibt viele Methoden, um das Fahrzeug zu korrigieren. Hier wird die Methode gezeigt, in welcher im Stillstand die Räder gerade gestellt. Der Vorteil dieser Methode ist, dass man eine Korrektur sehr exakt ausführen kann, weil nur mit den geraden Rädern (gerade Linie) oder mit maximalen Radeinschlag (genau definierter Kreisbogen) gefahren wird.

Im Stehen Räder geradestellen und vom Bordstein wegfahren. Je grösser der Winkel zum Bordstein ist, umso weiter muss man von diesem wegfahren. Meist genügt es, ca. einen halben Meter nach vorne zu fahren.

Parken seitwärts rückwärts; Korrektur «zu nah» (2)

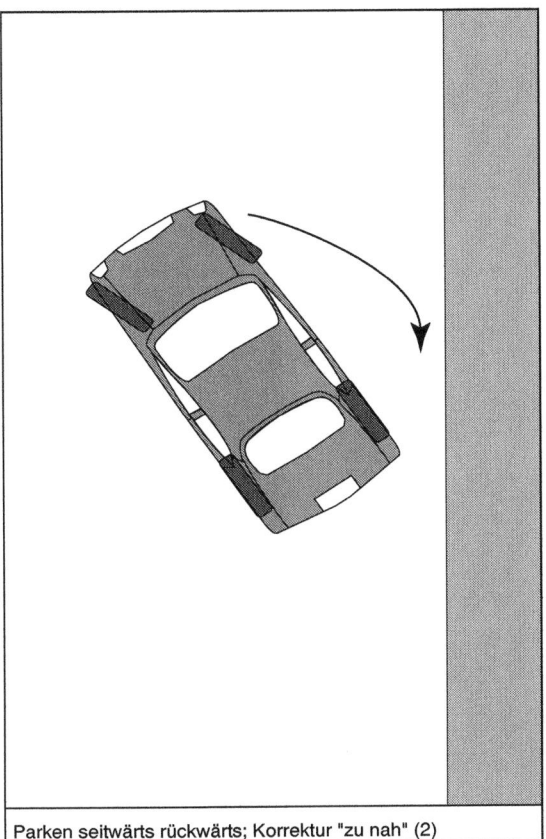

Nach der Vorwärtsfahrt mit geradegestellten Räder anhalten. Im Stehen Lenkrad bis zum Anschlag gegen die Strassenmitte drehen und zurückfahren.

Parken seitwärts rückwärts; Korrektur "zu nah" (2)

Parken seitwärts rückwärts; Korrektur «zu weit» (1)

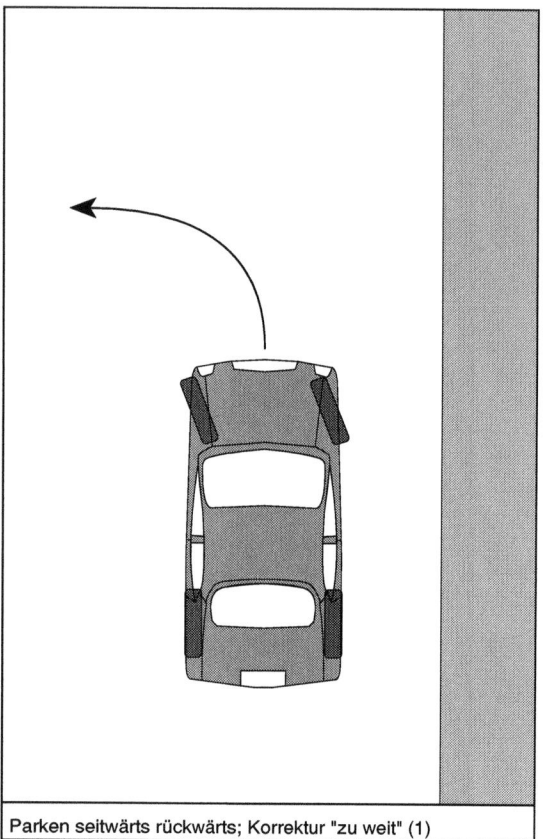

Parken seitwärts rückwärts; Korrektur "zu weit" (1)

Das Auto ist mehr als 30 cm vom Fahrbahnrand entfernt

Lenkrad ganz gegen die Strassenmitte einschlagen und in langsamer Vorwärtsfahrt das Auto ca. 45° schräg stellen. Das Auto fährt so den technisch kleinsten möglichen Kreis.

Parken seitwärts rückwärts; Korrektur «zu weit» (2)

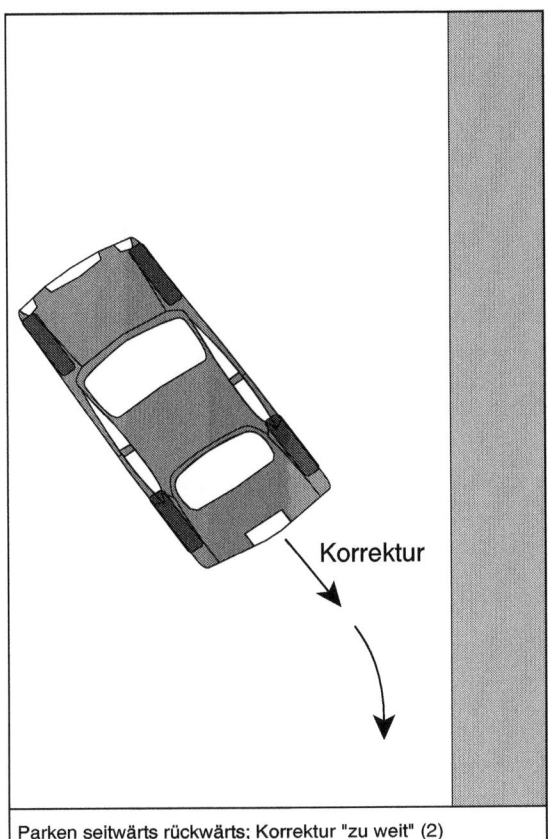

Parken seitwärts rückwärts; Korrektur "zu weit" (2)

Im Stehen Räder geradestellen. Mit geradegestellten Rädern etwas zurückfahren. Dieses Zurückfahren ist die eigentliche Korrektur.

Anhalten und im Stehen Lenkrad bis zum Anschlag gegen die Strassenmitte drehen und zurückfahren.

Häufiger Fehler: Der Verkehr wird während der Korrektur zu wenig beobachtet.

Armaturen

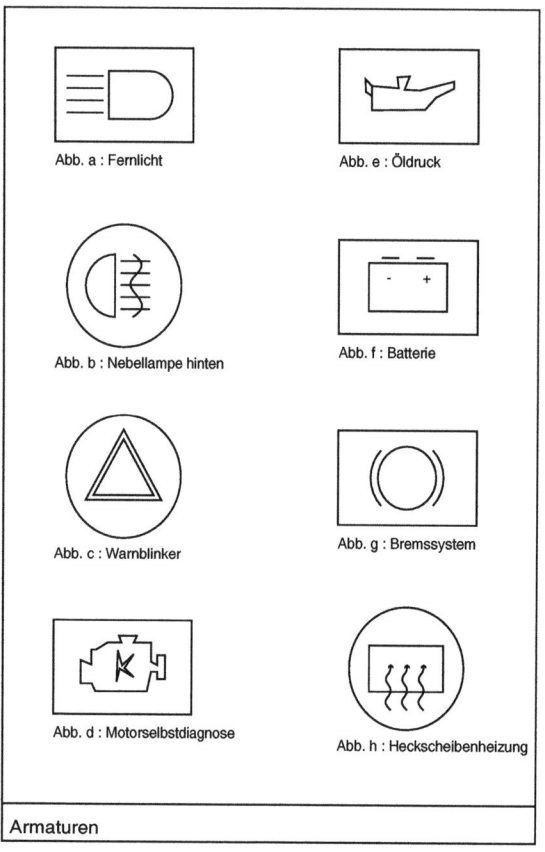

Armaturen

Die Armaturen unterscheiden sich je nach Wagentyp, hier einige allgemeingültige Informationen.

Standlicht. Wird bei stehendem Fahrzeug verwendet, z.B. beim Stehen vor einer Bahnschranke in der Nacht.

Abblendlicht. Fahrlicht. Mit diesem Licht wird gefahren.

Fernlicht. Abb. a. Bei Einschalten des Fernlichtes oder der Lichthupe leuchtet die blaue Kontrollampe auf. Das Fernlicht braucht man vorwiegend ausserhalb von Ortschaften. Rechtzeitig auf Abblendlichter umschalten, spätestens 200 m vor dem Kreuzen mit einem anderen Strassenbenützer.

Nebelscheinwerfer vorne. Bei Nebel, Schneetreiben oder starkem Regen zu verwenden.

Nebelschlussleuchte hinten. Abb. b. Die Nebelschlusslichter dürfen nur verwendet werden, wenn die Sichtweite weniger als 50 m beträgt. Nebellampe hinten hat eine Kontrollampe.

Blinker. Wenn eine der Blinklichtlampen defekt ist, blinkt die Anzeige schneller.

Warnblinker Abb. c. Wenn es die Gefahrensituation erfordert, muss man die Warnblinklichter einschalten.

Motorselbstdiagnose. Abb. d. Zeigt Störungen in der Zündanlage, Einspritzanlage oder des Katalysators an.

Öldruck. Abb. e. Leuchtet, wenn Zündung eingeschaltet ist, erlischt nach Anlassen des Motors. Wenn die Lampe während der Fahrt aufleuchtet, sofort Motor abstellen, Kupplung drücken und rechts anhalten. Die Motorschmierung kann ausser Funktion sein und es besteht die Gefahr des Blockierens des Motors und damit der Räder. Nach dem Halt, Ölstand überprüfen. Falls zuwenig Öl vorhanden war, dieses nachfüllen. Wenn die Öldrucklampe erloschen ist, darf weitergefahren werden. Wenn die Öldruckkontrollampe nicht erlischt, Fahrzeug abschleppen lassen.

Batterie / Lichtmaschine. Abb. f. Leuchtet, wenn die Zündung eingeschaltet ist, erlischt nach Anlassen des Motors. Wenn die Lampe während der Fahrt aufleuchtet, sofort anhalten und Motor abstellen. Die Batterie wird nicht geladen. Häufig ist ein Keilriemen defekt und somit kann die Motorkühlung unterbrochen sein.

Bremssystem. Abb. g. Leuchtet, wenn die Zündung eingeschaltet ist, erlischt nach Anlassen des Motors. Diese Lampe hat eine Doppelfunktion. Sie leuchtet, wenn die Handbremse angezogen ist. Falls die Handbremse nicht angezogen ist und die Lampe aufleuchtet, sofort Fahrt abbrechen, da der Bremsflüssigkeitsstand zu niedrig ist. Fussbremse könnte eventuell nicht wirksam sein. Moderne Fahrzeuge verfügen über eine Zweikreisbremsanlage. Bei Ausfall eines Bremskreises, sollte der zweite funktionieren. Durch Betätigen des Bremspedals kann man probieren, ob der zweite Bremskreis funktioniert. Wenn der zweite Bremskreis ebenfalls ausgefallen ist, sanft mit der Handbremse anhalten und das Fahrzeug abschleppen lassen.

Heckscheibenheizung. Abb. h. Einschalten, wenn die Heckscheibe beschlagen ist. Die Heckscheibenheizung braucht viel Strom, deshalb nur bei laufendem Motor einstellen und sobald die Sicht frei ist ausschalten.

Temperatur Kühlflüssigkeit. Falls der Zeiger im roten Bereich ist, Fahrt unterbrechen, bis der Motor abgekühlt ist.

Tachometer. Anzeige der Fahrgeschwindigkeit.

Kilometerzähler. Anzeige der gefahrenen Kilometer.

Tageskilometerzähler. Nullstellung durch Betätigen des Nullstellers.

Drehzahlmesser. Der Drehzahlmesser zeigt die Drehgeschwindigkeit des Motors in Umdrehungen pro Minute an. Der Motor darf im roten Bereich nur für kurze Zeit gefahren werden, da er sonst Schaden nehmen kann.

Tankanzeige. Kontrollampe leuchtet, wenn der Tank fast leer ist. Den Tank nicht leerfahren.

Fahrerlaubnis-Prüfung

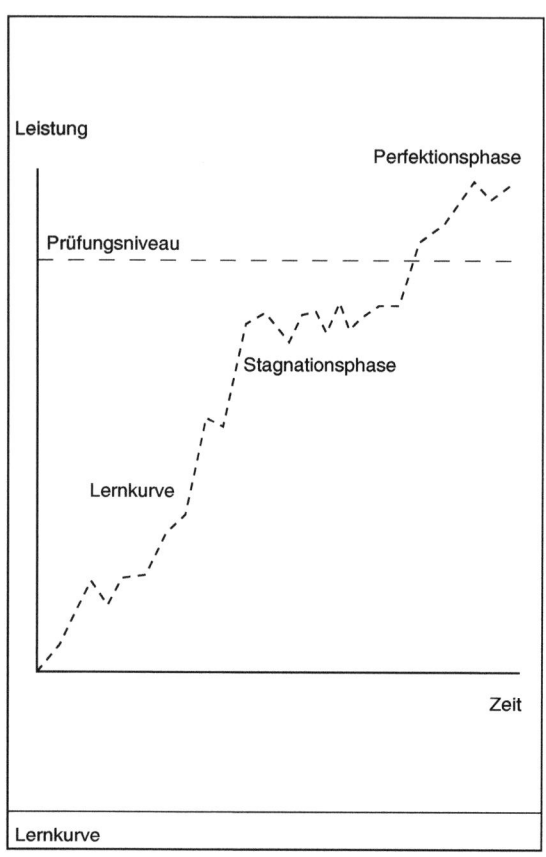

Die Lieblingsfrage jeden Fahrlehrers ist: «Wie viele Fahrstunden brauche ich noch?» Der Fahrschüler macht eine Entwicklung durch, und da das Lernen nicht linear verläuft, ist eine Prognose über die benötigten Fahrstunden oft reine Wahrsagerei. In der Abbildung sieht man ein Beispiel einer Lernkurve. Jeder Fahrschüler macht auf seine eigene Art Fortschritte. Häufig bleibt der Schüler in einer Stagnationsphase «hängen». In dieser Stagnationsphase drängt es den Fahrschüler an die Prüfung, weil er meint, er könnte plötzlich Wissenssprünge vollziehen. Die Aussage, «an der Prüfung nehme ich mich zusammen, da schaue ich dann schon», zeigt nur, wie ahnungslos der Sprechende ist. Meistens fährt man an der Prüfung eher noch schlechter, als in der Fahrstunde. Die besten Prüfungsergebnisse erzielt man, wenn man die Kontrollfahrten mit dem Fahrlehrer als Basis nimmt und sich erst dann für die Prüfung anmeldet, wenn man keine Fehler mehr macht. An der Prüfung wird eben mehr verlangt, als sich irgendwie im Verkehr durchzuwursteln.

Ein anderer Satz, den die Fahrlehrer gerne hören, ist: «Ich muss die Fahrprüfung noch vor den Sommerferien machen.» Die Fahrprüfung noch vor einem Termin hineinquetschen zu wollen, ohne das verlangte Wissensniveau erreicht zu haben, ist oft zum Scheitern verurteilt.

Oft werden Fahrschüler von Kollegen gefragt: «Wie viele Fahrstunden hast Du schon?» Dies erzeugt einen psychischen Druck, denn die Fahrschüler denken: Viele Fahrstunden = dumm. «Intelligenz» ist etwas sehr Komplexes. «Fahrintelligenz» ist nur eine der vielen «Intelligenzen». Man sollte sich von der Meinung der Kollegen nicht an die Prüfung drängeln lassen. Wenn man die Prüfung nicht bestanden hat, können einem die «Bekannten» auch nicht weiterhelfen. Deshalb: je weniger Bekannte wissen, dass man eine Prüfung hat, desto weniger gerät man unter Druck.

Während der Ausbildung hilft der Fahrlehrer dem Fahrschüler mit Hinweisen «Achtung der Radfahrer da vorne! Vorsicht Fussgänger!». Dank dieser Hilfe gerät der Fahrschüler nicht in grössere Schwierigkeiten und hat darum nach der Fahrstunde das Gefühl, das Autofahren sei ja gar nicht so schwierig. Nur in dem Moment, wo er alles allein entscheiden muss, da macht er viele Fehler. Man muss eben nicht nur wissen, dass man hier hätte blinken, einordnen oder verlangsamen sollen, sondern man muss es eben ohne Ermahnung **selbständig tun**. Der Prüfungssachverständige will ein selbständiges, sicheres Fahren auch in schwierigen Situationen sehen. Die erste Frage vieler Fahrschüler, welche die erste Prüfung «mal probiert» und nicht bestanden haben, ist: «Wann kann ich mich für die zweite Prüfung anmelden?» Die wenigsten sagen: «Ich melde mich erst dann für die zweite Prüfung, wenn ich mich ganz sicher fühle.» Die praktische Prüfung kann man frühestens nach zwei Wochen wiederholen.

Nach der bestandenen Prüfung sollte man keine waghalsigen Experimente machen. Es ist besser, man fährt wie in der Fahrstunde. So wird man noch lange Spass am Autofahren haben.